国家级职业教育规划教材
全国高等职业院校会计专业教材

企业会计综合实训

刘晓华　主编

中国劳动社会保障出版社

简　　介

本书介绍了企业会计综合实训的有关内容，具体包括建账、综合经济业务处理、财务报表编制与分析、纳税申报表编制。本书涵盖了企业常见的经济业务和会计核算工作，贴近企业工作实际，也贴近高等职业院校会计专业教学实际。

本书由刘晓华任主编，刘欢、陈蔚林任副主编，邹昶、陈婷、方乔乔、李冬芸参与编写，王欣任主审。

图书在版编目（CIP）数据

企业会计综合实训/刘晓华主编. --北京：中国劳动社会保障出版社，2022
全国高等职业院校会计专业教材
ISBN 978－7－5167－5542－6

Ⅰ.①企…　Ⅱ.①刘…　Ⅲ.①企业会计－高等职业教育－教材　Ⅳ.①F275.2

中国版本图书馆 CIP 数据核字（2022）第 177970 号

中国劳动社会保障出版社出版发行
（北京市惠新东街 1 号　邮政编码：100029）
*
北京市白帆印务有限公司印刷装订　　新华书店经销
787 毫米×1092 毫米　16 开本　19 印张　220 千字
2022 年 12 月第 1 版　　2022 年 12 月第 1 次印刷
定价：32.00 元

营销中心电话：400-606-6496
出版社网址：http://www.class.com.cn
http://jg.class.com.cn

前言

近年来，随着我国经济和社会发展，会计准则及相关法规发生了一定的调整和变化，社会对会计人员的知识水平和职业能力水平提出了更高的要求。为适应这些变化，培养更加符合市场需求的会计人才，我们组织了一批教学经验丰富、实践能力强的一线教师和行业、企业专家，基于会计、出纳、审计等工作岗位的要求，在充分调研的基础上，编写了这套全国高等职业院校会计专业教材。

本套教材主要有以下几个特点：

第一，理实结合，先进实用。教材本着学以致用的原则，紧贴会计专业最新的培养目标和教学实际，并参考会计、审计等相关职业资格的要求安排教材的结构和内容，将理论知识与操作技能有机融合，突出对学生实际操作能力的培养，使教材具有较强的实用性、针对性和先进性。部分教材采取了任务驱动的编写思路，按照以能力培养为主线、相关知识为支撑的模式安排教学内容，做到“理论学习有载体，技能训练有实体”。

第二，表现力丰富。本套教材设置了“案例解析”“知识窗”等栏目，增加教材的趣味性和可读性，激发学生的学习兴趣。同时，尽可能多地以图表代替冗长的文字叙述，使教材更加生动直观，易于学习。在版式设计上，本套教材采用双色排版，使教材中的单据、凭证与会计工作实务保持一致，便于开展教学。

第三，配套资源完善。本套教材同步开发了配套的电子课件及习题册，电子课件及习题册答案可登录技工教育网（http://jg.class.com.cn）搜索下载。部分教材针对教学重点和难点制作了演示视频等多媒体素材，学生扫描二维码即可在线观看或收听相应内容。

本套教材的编写得到了有关省市人力资源社会保障部门及一批高等职业院校的大力支持，教材的编审人员做了大量的工作，在此，我们表示衷心的感谢！同时，恳切希望广大读者对教材提出宝贵的意见和建议。

人力资源社会保障部教材办公室

目录

模拟企业概况及实训要求 …… 001

一、模拟企业概况 …… 001

二、模拟企业会计和税务有关制度与规定 …… 002

三、实训要求和内容 …… 005

项目一　建　　账 …… 007

任务一　期初建账 …… 009

【任务导入】 …… 009

【相关知识】 …… 016

一、会计账簿的概念和分类 …… 016

二、建立账簿的要求 …… 017

【任务实施】 …… 018

一、建立总分类账 …… 018

二、建立明细分类账 …… 019

三、建立日记账 …… 022

任务二　检查期初建账的正确性 …… 023

【任务导入】 …… 023

【相关知识】 …… 023

一、总体原则 …… 023

二、试算平衡 …… 023

【任务实施】 …… 024

一、检查总分类账的正确性 …… 024

二、检查明细分类账的正确性 …… 024

三、检查日记账的正确性 …… 024

项目二　综合经济业务处理 …… 025

任务一　日常综合业务处理 …… 027

【任务导入】 …… 027

【相关知识】 …… 027

一、非正常损失 …… 027

二、其他综合收益 …… 027
三、销售商品收入的确认条件 …… 027
四、约当产量比例法 …… 027
五、账结法与表结法 …… 028
六、未确认融资费用 …… 028
【任务实施】 …… 028
任务二　期末会计事项处理 …… 203
【任务导入】 …… 203
【相关知识】 …… 203
一、应收款项的减值损失 …… 203
二、长期借款业务核算 …… 204
三、资产负债表债务法 …… 205
四、税金及附加 …… 205
五、城市维护建设税及教育费附加 …… 206
六、印花税 …… 206
【任务实施】 …… 206
一、处理期末账项调整与利润核算业务 …… 206
二、对账与结账 …… 219
项目三　财务报表编制与分析 …… 221
任务一　报表编制前期工作 …… 223
【任务导入】 …… 223
【相关知识】 …… 223
一、编制方法 …… 223
二、编制原理 …… 223
三、计算公式 …… 223
【任务实施】 …… 223
任务二　编制财务报表 …… 226
【任务导入】 …… 226
【相关知识】 …… 226
一、资产负债表的编制 …… 226
二、利润表的编制 …… 227
三、现金流量表的编制 …… 228
四、所有者权益变动表的编制 …… 228

【任务实施】 …… 229
一、编制资产负债表 …… 229
二、编制利润表 …… 233
三、编制现金流量表 …… 235
四、编制所有者权益变动表 …… 237
任务三 分析财务报表 …… 239
【任务导入】 …… 239
【相关知识】 …… 239
一、偿债能力分析 …… 239
二、营运能力分析 …… 239
三、盈利能力分析 …… 239
四、发展能力分析 …… 239
五、现金流量分析 …… 240
【任务实施】 …… 241
项目四 纳税申报表编制 …… 247
任务一 一般纳税人增值税及附加税费纳税申报 …… 249
【任务导入】 …… 249
【相关知识】 …… 249
一、国家税务总局有关增值税及附加税费纳税申报的文件 …… 249
二、增值税及附加税费申报表填写说明 …… 249
【任务实施】 …… 250
一、整理安耐公司 2021 年 12 月纳税资料 …… 250
二、填写增值税及附加税费申报表与附列资料 …… 250
三、纳税申报 …… 263
四、注意事项 …… 263
任务二 企业所得税汇算清缴 …… 263
【任务导入】 …… 263
【相关知识】 …… 263
一、所得税汇算清缴必填表格 …… 263
二、所得税汇算清缴时间 …… 264
三、年度纳税申报表填写 …… 264
【任务实施】 …… 266
一、确定各项目的税收金额和纳税调整 …… 266

二、企业所得税年度纳税申报 …… 271
任务三 其他税费纳税申报 …… 281
【任务导入】 …… 281
【相关知识】 …… 281
一、其他常见税费 …… 281
二、有关纳税申报的规定 …… 281
三、个人所得税扣缴申报表填写说明 …… 281
四、印花税纳税申报有关表格填写说明 …… 282
【任务实施】 …… 289
一、填写个人所得税扣缴申报表 …… 289
二、填写印花税纳税申报有关表格 …… 289
附表 1 工资结算表 …… 291
附表 2 工资结算汇总表 …… 296

模拟企业概况及实训要求

一、模拟企业概况

1. 企业基本情况

企业基本情况见下表。

企业名称	广州安耐灯具有限责任公司	法定代表人	李文君
注册地址	广州市海珠区鼎力路500号	注册资本	1 000万元
企业类型	有限责任公司	经营产品	LED灯具
经营方式	生产销售	开户行	中国工商银行广州宝旺路支行
账号	5592309188758942360	纳税人识别号	91440105M823972983
纳税人类型	一般纳税人	增值税税率	13%

2. 企业组织架构

广州安耐灯具有限责任公司（以下简称安耐公司）实行总经理负责制，下设办公室、生产技术部、人事行政部、财务部、营销部和在建工程部等部门，其组织架构如下图所示。

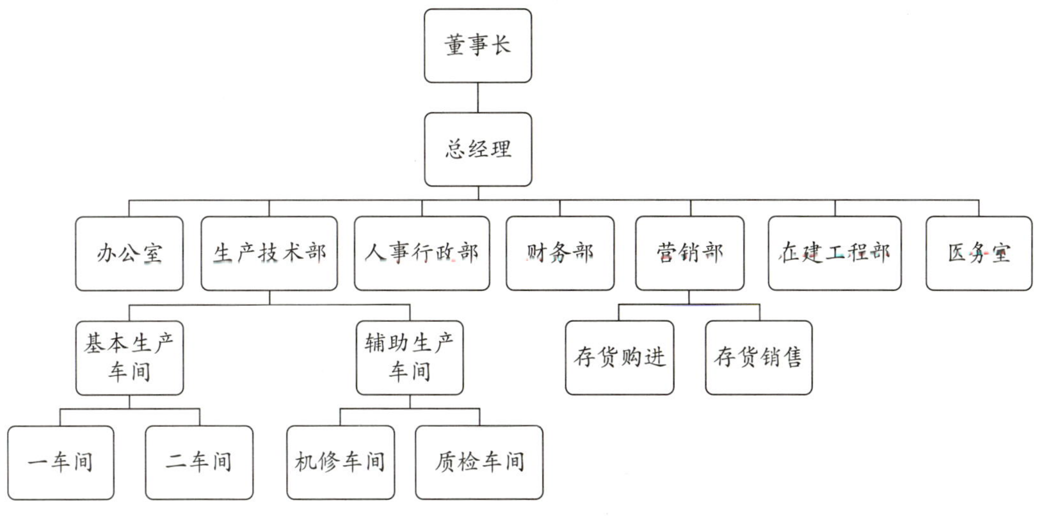

3. 企业人员

安耐公司部分人员见下表（总经理李文君岗位设在办公室）。

部门	岗位	姓名
办公室	总经理	李文君
	总经理秘书	白芷卉
	财务和行政副总经理	林逸之
	生产和营销副总经理	徐子轩
财务部	财务主管	冯娟
	会计 1	杨小玲
	会计 2	王静
	出纳	李芳方
人事行政部	人事行政主管	易斌
在建工程部	工程主管	王运强
一车间	车间主任	黄泽斌
二车间	车间主任	赵国庆

4. 主要业务

安耐公司生产筒灯、射灯和组合灯三种产品，它们分别由基本生产车间的两个车间加工制作。其中，一车间生产筒灯和射灯，二车间将一车间生产的部分筒灯和射灯加工为组合灯。

二、模拟企业会计和税务有关制度与规定

1. 账务处理程序

安耐公司采用科目汇总表核算程序，账务处理流程如下图所示。

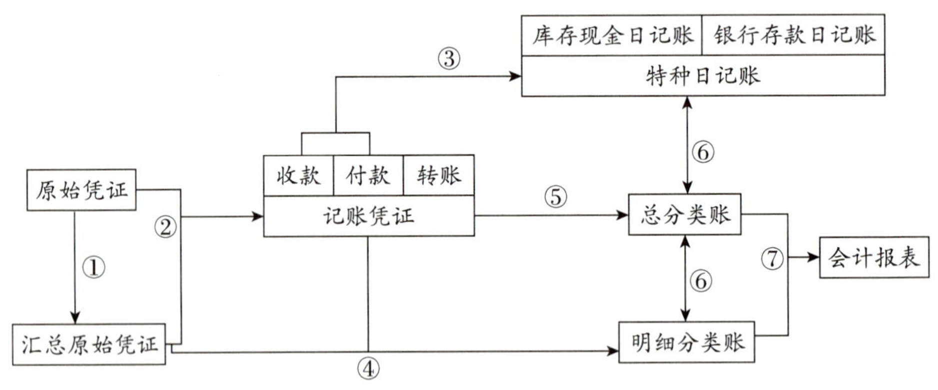

2. 现金管理方法

安耐公司对于现金管理有如下规定：

出纳人员负责库存现金的保管。财务主管应当定期或不定期地对库存现金进行检查，每月不得少于 2 次，确保库存现金账实相符。

出纳人员办理现金收支业务时，应当遵守以下规定：

（1）不得以收抵支，坐支现金。

（2）库存现金不得超过开户银行核定的限额，超限额的部分应于当日送存银行。

（3）从开户银行提取现金时应写明现金用途，由财务主管或其授权人签字或盖章，经开户银行审核后方可提取现金。

（4）大额现金存款、取款业务须由双人经手。

（5）不准用不符合要求的凭证顶替库存现金（即不得“白条抵库”），不准通过本公司银行账户代替其他单位或个人存入或支取现金，不准以个人名义在银行存入公款，不准保留账外公款。

（6）出纳人员应当做到日清月结，每日终了对现金收支进行结算。如果发现有待查明原因的现金短缺或溢余，应当向财务主管报告。

3. 存货核算方法

安耐公司设立库存商品和原材料数量金额明细分类账，记录库存商品和原材料的收发情况，并写出其结存数量。

原材料的收发结存采用计划成本法核算，购进材料入库时逐笔结转差异。库存商品、包装物、低值易耗品的收发结存采用实际成本加权平均法核算。

购入库存商品或原材料时按购买价加运输费、运输途中合理损耗、入库前挑选整理费用、按规定应计入成本的税金及其他费用，作为实际成本。

库存商品发出按月末一次加权平均法进行计价，一律凭出库单出库，在出库单上一般应注明商品名称、数量、领用部门等。

每月月末及每年年末须对存货进行盘点，务必做到账、表、物三者相符。在盘点中发现的盘盈、盘亏、毁损、变质等情况应及时查明原因。因管理不善造成的或无法查明原因的盘盈、盘亏，经相关领导审批后计入当期损益。

4. 生产成本核算方法

安耐公司的辅助生产车间分为机修车间和质检车间，其费用分配采用直接分配法，不设下属制造费用科目。

产品分两个车间生产，一车间生产筒灯和射灯，二车间生产组合灯。成本采用分项逐步结转分步法核算，各工序的半成品成本随半成品实物的转移而转移。其核算程序是：

（1）编制一车间生产成本计算单，计算筒灯和射灯的成本，并将二车间耗费的筒灯和射灯的成本转到二车间组合灯的成本计算单中（分项结转）。

（2）将一车间转来的筒灯和射灯的成本加上二车间耗用的费用，计算组合灯的成本。

5. 往来债务核算方法

安耐公司因购买库存商品而发生的负债按照实际发生额入账并按债权人设置明细分类账，核算增减情况。

各部门因采购或接受劳务形成的应付账款，应及时进行账务处理，登记相关的账簿，定期与供应商对账，保证双方账账相符。

坏账损失采用备抵法核算，年末按照应收账款余额的2%计提。

6. 职工薪酬核算方法

安耐公司的“应付职工薪酬”账户用于根据有关规定核算应付给职工的各种薪酬，如工资、职工福利费、社会保险费、住房公积金、工会经费等，月末将当月工资进行分配，分别计入相关成本费用类账户。

职工若因病假或事假缺勤，以每月21.76天计算平均日工资，按实际缺勤天数计算扣款金额。

养老保险费、医疗保险费、生育保险费、失业保险费、工伤保险费和住房公积金的计提，以上一年度缴费职工的月平均工资为基数，具体比例见下表。

项目	计提比例		社保及住房公积金缴费基数上下限额（元）
	企业承担比例	个人承担比例	
养老保险费	14%	8%	3 803～20 268
医疗及生育保险费	6.35%	2%	
失业保险费	0.48%	0.2%	
工伤保险费	0.7%	—	
住房公积金	12%	12%	1 895～20 292

按照国家有关规定，个人所得税采用每月预缴、年底汇算清缴的方法，由单位代扣个人所得税，奖金并入个人当月工资计算个人所得税。个人所得税预扣率表（居民个人工资、薪金所得预扣预缴适用）见下表。

级数	累计预扣预缴应纳税所得额（全年）	预扣率（%）	速算扣除数
1	不超过36 000元	3	0
2	超过36 000元至144 000元部分	10	2 520
3	超过144 000元至300 000元部分	20	16 920
4	超过300 000元至420 000元部分	25	31 920
5	超过420 000元至660 000元部分	30	52 920
6	超过660 000元至960 000元部分	35	85 920
7	超过960 000元部分	45	181 920

纳税相关计算公式如下：

累计预扣预缴应纳税所得额=累计收入-累计免税收入-累计减除费用-累计专项扣除-累计专项附加扣除-累计依法确定的其他扣除

本期应预扣预缴税额=累计预扣预缴应纳税所得额×预扣率-速算扣除数-累计减免税额-累计已预扣预缴税额

7. 固定资产折旧方法

安耐公司的固定资产包括电子设备、生产设备、税控设备、房屋和建筑物等。固定资产按取得时的成本入账，包括购买价、相关税费、运输费和保险费等相关费用，以及固定资产达到预定可使用状态前必要的支出。

安耐公司对固定资产采用年限平均法（即直线法）按月计提固定资产折旧。当月增加的固定资产从下月起计提折旧，当月减少的固定资产下月不再计提折旧。

8. 企业所得税会计处理方法

安耐公司采用资产负债表债务法作为企业所得税会计处理方法，税率为25%。本期所得税费用计算公式为：

本期所得税费用=本期应交所得税+（期末递延所得税负债-期初递延所得税负债）-（期末递延所得税资产-期初递延所得税资产）

9. 利润结转方法

安耐公司采用账结法结转利润。公司每月月末均编制转账凭证，将在账上结出的各损益类账户的余额结转入“本年利润”账户，结转后“本年利润”账户的本月合计数反映当月实现的利润或发生的亏损，“本年利润”账户的年度累计数反映当年累计实现的利润或发生的亏损。

三、实训要求和内容

本实训以安耐公司2021年12月发生的经济业务为对象。实训的要求和内容如下：

1. 建立总分类账、明细分类账和日记账，登记各账户期初余额及累计发生额。
2. 审核单据，分析经济业务，根据需要填写原始凭证。
3. 根据审核后的原始凭证填写记账凭证。
4. 根据原始凭证和记账凭证登记库存现金日记账和银行存款日记账（三栏式及多栏式汇总表）。
5. 根据原始凭证和记账凭证登记明细分类账。
6. 根据记账凭证每10天编制一张科目汇总表。
7. 根据科目汇总表分三旬登记总分类账。
8. 编制银行存款余额调节表。

9. 期末编制试算平衡表。

10. 编制利润表和所有者权益变动表。

11. 编制资产负债表和现金流量表。

12. 编制有关纳税申报表。

13. 撰写财务分析报告。

根据以上要求，需准备通用记账凭证若干、总分类账 1 本、各类明细分类账及日记账各 1 本、科目汇总表若干。

项目一
建　　账

学习目标

知识目标

1. 掌握总分类账的建账方法。
2. 掌握数量金额式明细分类账、三栏式明细分类账、多栏式明细分类账的建账方法。
3. 掌握现金日记账、银行存款日记账的建账方法。
4. 掌握期初建账正确性检查原则。

能力目标

1. 能够根据上期账户余额表设置不同账簿。
2. 能够独立地建账（包括总分类账、明细分类账、日记账）。
3. 能够根据企业需要设置备查账。
4. 能够区别使用三栏式、数量金额式、多栏式等不同样式的明细分类账。
5. 能够正确启用账簿并对账簿贴花。
6. 能够对总分类账、明细分类账及日记账建账的正确性进行检查。

【项目导学】

建账又称建立账簿，它是企业进行会计核算的起点。该项目可分为期初建账和检查期初建账的正确性两个任务。由于各企业的会计核算是建立在会计分期和持续经营等会计假设基础之上，所以在每个会计期初，应将上期末各账户的期末余额过入本期各账簿中作为期初余额，同时，对期末无余额或未开设的账户及企业新建立的账户，应按企业实际需要建立账簿。这个过程就是期初建账。

思维导图

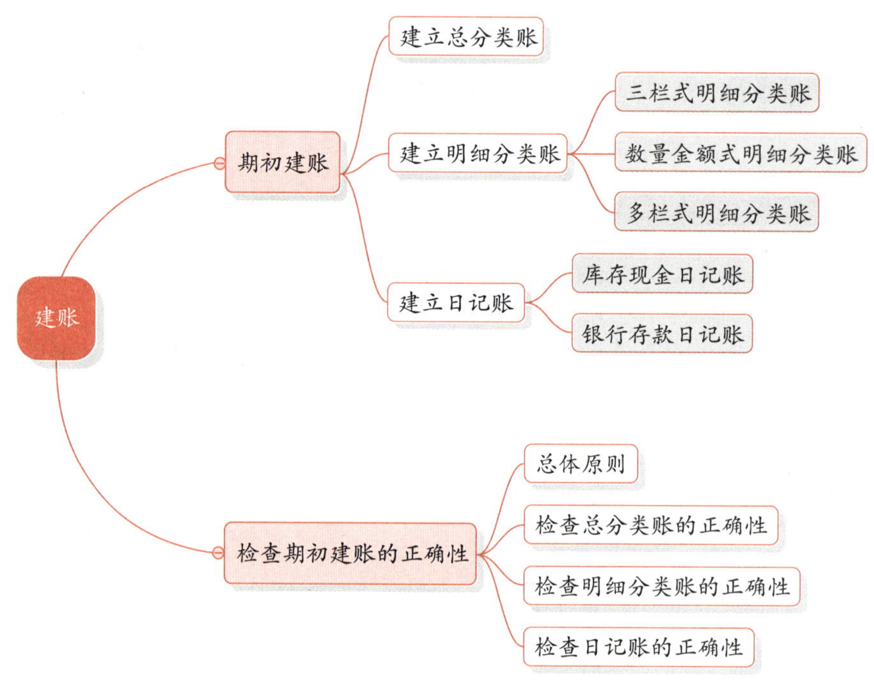

任务一 期初建账

【任务导入】

安耐公司2021年11月末账户余额表见图表1-1-1。

图表1-1-1 安耐公司2021年11月末账户余额表 单位：元

类型	科目编号	总账科目	明细科目	借方余额		贷方余额	
				总账科目	明细科目	总账科目	明细科目
资产	1001	库存现金		5 500.00			
			库存现金日记账		5 500.00		
资产	1002	银行存款		1 037 803.79			
			银行存款日记账		1 037 803.79		
资产	1012	其他货币资金		529 552.00			
			银行汇票存款		219 552.00		
			银行本票存款		300 000.00		
			微信存款		10 000.00		
资产	1101	交易性金融资产		238 000.00			
			福耀玻璃		238 000.00		
资产	1121	应收票据		1 030 000.00			
			银行承兑汇票（顺德灯饰有限公司）		30 000.00		
			商业承兑汇票（佛山百花灯饰有限公司）		1 000 000.00		
资产	1122	应收账款		6 490 520.00			
			顺德灯饰有限公司		2 113 000.00		
			汕头市华新有限公司		2 140 120.00		
			广州星艺装饰有限公司		904 000.00		

续表

类型	科目编号	总账科目	明细科目	借方余额		贷方余额	
				总账科目	明细科目	总账科目	明细科目
			珠海家佳乐商城		655 400.00		
			广州华联有限责任公司		675 000.00		
			广州红星商场		3 000.00		
资产	1123	预付账款		148 617.10			
			广州白云材料厂		138 617.10		
			财产保险费		10 000.00		
资产	1131	应收股利					
资产	1132	应收利息					
资产	1221	其他应收款		2 600.00			
			林逸之		2 600.00		
资产	1231	坏账准备				129 810.40	
			应收账款				129 810.40
资产	1401	材料采购					
资产	1403	原材料		582 800.00			
			灯珠		400 000.00		
			筒灯外壳		36 000.00		
			射灯外壳		65 200.00		
			铝合金		81 600.00		
资产	1404	材料成本差异		84 100.00			
			原材料		84 100.00		
资产	1405	库存商品		1 800 000.00			
			筒灯		920 000.00		
			射灯		880 000.00		
资产	1411	周转材料		337 000.00			
			包装物（胶盒）		252 000.00		
			包装物（纸盒）		80 000.00		
			低值易耗品（产品宣传小报）		5 000.00		
资产	1511	长期股权投资		680 000.00			
			百邦科技		680 000.00		

续表

类型	科目编号	总账科目	明细科目	借方余额		贷方余额	
				总账科目	明细科目	总账科目	明细科目
资产	1521	投资性房地产					
资产	1531	长期应收款					
资产	1601	固定资产		10 258 560.00			
			房屋建筑物		6 000 000.00		
			机器及其他设备		2 120 000.00		
			运输设备		2 138 560.00		
资产	1602	累计折旧				2 361 475.64	2 361 475.64
资产	1603	固定资产减值准备				20 000.00	20 000.00
资产	1604	在建工程		419 447.00			
			厂房扩建工程		419 447.00		
资产	1605	工程物资					
资产	1606	固定资产清理					
资产	1701	无形资产		200 456.00			
			专利权		200 456.00		
资产	1702	累计摊销				130 000.00	130 000.00
资产	1801	长期待摊费用					
资产	1811	递延所得税资产		67 263.00	67 263.00		
资产	1901	待处理财产损溢					
			待处理流动资产损溢				
			待处理固定资产损溢				
负债	2001	短期借款				500 000.00	
			经营周转借款				500 000.00
负债	2201	应付票据				90 000.00	
			广州江湾材料厂				90 000.00
负债	2202	应付账款				1 441 324.00	
			深圳南方材料厂				468 950.00
			广州珠江灯具厂				707 900.00
			珠海红树湾材料厂				234 474.00

续表

类型	科目编号	总账科目	明细科目	借方余额		贷方余额	
				总账科目	明细科目	总账科目	明细科目
			湖北冠华材料厂				30 000.00
负债	2203	预收账款				400 000.00	
			佛山安华灯饰公司				400 000.00
负债	2211	应付职工薪酬				437 090.23	
			工资				280 769.23
			职工福利费				51 088.00
			工会经费				7 298.00
			职工教育经费				9 123.00
			住房公积金				88 812.00
负债	2221	应交税费				296 348.61	
			应交增值税				
			未交增值税				207 454.00
			应交城建税				15 367.10
			应交教育费附加				6 585.90
			应交企业所得税				62 951.00
			应交个人所得税				1 990.61
			应交房产税				1300.00
			应交车船税				700.00
负债	2231	应付利息				25 000.00	
			借款利息				25 000.00
负债	2232	应付股利				108 480.00	108 480.00
负债	2241	其他应付款				17 262.00	
			出租包装物押金				17 262.00
负债	2501	长期借款				1 166 500.00	
			本金				1 000 000.00
			应计利息				166 500.00
负债	2701	长期应付款					
负债	2802	未确认融资费用					
负债	2901	递延所得税负债				39 864.72	39 864.72
权益	4001	实收资本				5 420 000.00	5 420 000.00

续表

类型	科目编号	总账科目	明细科目	借方余额		贷方余额	
				总账科目	明细科目	总账科目	明细科目
权益	4002	资本公积				1 822 768.64	
			股本溢价				1 822 768.64
权益	4003	其他综合收益					
权益	4101	盈余公积				532 254.00	
			一般盈余公积				532 254.00
权益	4103	本年利润				8495 928.24	8495 928.24
权益	4104	利润分配				624 528.00	
			未分配利润				624 528.00
权益	4201	库存股					
成本	5001	生产成本		112 515.59			
			基本生产成本——一车间（筒灯）		76 000.67		
			基本生产成本——一车间（射灯）		36 514.92		
			辅助生产成本（机修车间）				
			辅助生产成本（质检车间）				
成本	5101	制造费用					
成本	5301	研发支出		33 900.00	33 900.00		
	合计			24 058 634.48	24 058 634.48	24 058 634.48	24 058 634.48

注：①交易性金融资产为购买福耀玻璃公司股票 10 000 股，每股 23.80 元。

②长期股权投资 680 000 元为持有北京百华悦邦科技股份有限公司股票，每股 5 元，共 136 000 股。安耐公司拥有该公司 40%股权。

③2018 年 10 月 1 日，安耐公司借入 5 年期长期借款 1 000 000 元，作为某项固定资产专门借款（该固定资产已于 2021 年 8 月完工并验收入库），年利率为 5.5%，采用分期计息、到期一次还本付息方式。

2021 年 11 月末，安耐公司整理出存货明细资料，其中原材料、周转材料（包装物）、周转材料（低值易耗品）的明细资料见图表 1-1-2 至图表 1-1-4，库存商品期初明细资料见图表 1-1-5，在产品生产成本资料见图表 1-1-6。

图表 1-1-2　原材料明细资料

品名	数量（箱）	计划单价（元）	金额（元）
灯珠	2 500	160.00	400 000.00
筒灯外壳	1 800	20.00	36 000.00

续表

品名	数量（箱）	计划单价（元）	金额（元）
射灯外壳	1 630	40.00	65 200.00
铝合金	1 020	80.00	81 600.00
合计	6 950	—	582 800.00

图表 1-1-3　周转材料（包装物）明细资料

品名	数量（个）	实际单价（元）	金额（元）
胶盒	210 000	1.20	252 000.00
纸盒	100 000	0.80	80 000.00
合计	310 000	—	332 000.00

图表 1-1-4　周转材料（低值易耗品）明细资料

品名	数量（张）	实际单价（元）	金额（元）
宣传小报	20 000	0.25	5 000.00
合计	20 000	—	5 000.00

图表 1-1-5　库存商品期初明细资料

品名	数量（个）	实际单价（元）	金额（元）
筒灯	115 000	8.00	920 000.00
射灯	80 000	11.00	880 000.00
合计	195 000	—	1 800 000.00

注：筒灯、射灯均为 40 个/箱。

图表 1-1-6　在产品生产成本资料

品名	数量（箱）	直接材料（元）	直接人工（元）	制造费用（元）	合计（元）
一车间（筒灯）	100	58 126.70	6 984.53	10 889.44	76 000.67
一车间（射灯）	40	23 320.50	3 283.53	9 910.89	36 514.92
合计	140	81 447.20	10 268.06	20 800.33	112 515.59

安耐公司 2021 年 1 月—11 月损益类账户累计发生额见图表 1-1-7。

图表 1-1-7　安耐公司 2021 年 1 月—11 月损益类账户累计发生额　　单位：元

科目编号	总账科目	明细科目	总账账户借方及贷方累计发生额	明细账户借方及贷方累计发生额
6001	主营业务收入		91 509 440.00	
		筒灯		62 561 340.00

续表

科目编号	总账科目	明细科目	总账账户借方及贷方累计发生额	明细账户借方及贷方累计发生额
		射灯		28 948 100.00
6051	其他业务收入		491 107.00	
		材料销售		456 725.00
		固定资产出租		20 000.00
		其他		14 382.00
6101	公允价值变动损益			
6301	营业外收入		4 943.00	
		盘盈利得		4 000.00
		捐赠利得		
		其他		943.00
6115	资产处置损益	非流动资产处置利得		
6401	主营业务成本		18 835 002.00	
		筒灯		12 512 268.00
		射灯		6 322 734.00
6402	其他业务成本		401 322.00	
		材料销售		300 460.00
		固定资产出租		8 000.00
		其他		92 862.00
6405	税金及附加		960 473.00	
		城市维护建设税		834 713.00
		教育费附加		123 759.00
		其他		2 001.00
6601	销售费用		56 268 870.55	
		工资		2 420 310.00
		广告费		37 482 103.00
		职工福利费		338 844.00
		运杂费		364 708.00
		财产保险费		120 400.00
		水电费		691 543.00
		折旧费		188 508.00
		其他		14 662 454.55
6602	管理费用		5 891 583.40	

续表

科目编号	总账科目	明细科目	总账账户借方及贷方累计发生额	明细账户借方及贷方累计发生额
		办公费		214 683.00
		差旅费		831 298.00
		开办费		200 000.00
		业务招待费		1 036 489.00
		低值易耗品费		32 188.00
		工资		432 558.00
		职工福利费		60 558.00
		工会经费		24 500.00
		职工教育经费		14 970.00
		财产保险费		2 290 608.40
		折旧费		352 987.00
		水电费		50 164.00
		无形资产摊销		40 084.00
		研究开发费		22 350.00
		技术转让费		288 146.00
6603	财务费用		996 471.81	
		利息支出		941 637.00
		手续费		46 724.00
		工本费		6 330.00
		其他		1 780.81
6701	资产减值损失			
6711	营业外支出		51 639.00	
		处理固定资产净损失		32 664.00
		其他		18 975.00
6801	所得税费用		104 200.00	104 200.00

要求：根据上述资料建立相应的总分类账、明细分类账、日记账。

【相关知识】

一、会计账簿的概念和分类

会计账簿简称账簿，是以会计凭证为依据，对全部经济业务进行全面、系统、连续、分类记录和核算的簿籍，是由具有专门格式并以一定形式连在一起的账页所组成的。它

可以分为多种类型。

按用途不同，会计账簿可以分为序时账簿、分类账簿和备查账簿。

按外在形式不同，会计账簿可以分为订本式账簿、活页式账簿和卡片式账簿。

按账页格式不同，会计账簿可以分为三栏式账簿、多栏式账簿和数量金额式账簿。

二、建立账簿的要求

1. 基本要求

建账时，统一使用黑色或蓝色签字笔书写，出现错误时不允许用涂改、挖补、刮擦、药水消除字迹等手段更正错误，需要采用正确的错账更正方法（画线更正法、补充登记法、红字冲销法）进行更正。

2. 启用账簿

启用新的账簿时，应在账簿封面上写明单位名称和账簿名称，并填写账簿扉页上的“启用表”，注明启用日期、账簿起止页数。在本任务中，账簿的启用日期为 2021 年 12 月 1 日。

3. 摘要栏及余额栏的填写

启用账簿时，应在资产负债类和所有者权益类账户首页摘要栏写上“期初余额”字样，并在余额栏写上金额；在损益类账户首页摘要栏写上“本年累计”字样，并在“借方”“贷方”栏内写上相关累计发生额。

4. 账户余额应说明方向

凡需结出余额的账户应当定期结出余额。库存现金日记账和银行存款日记账必须每天结出余额。“借”表示余额方向在借方，“贷”表示余额方向在贷方（注意：不是发生额方向）。没有余额的账户，应当在余额方向栏注明“平”，同时，在相应余额“元”字金额栏内用“θ”表示。借方（贷方）多栏式账簿在登记结转时或登记相反方向时可用红字。

5. 记账应逐行连续记录

记账应逐行连续记录，当不慎发生跳行时，应当在空白行摘要栏注明“此行空白”。只是金额部分有空白行的，画对角蓝线。整页空白只需在首行摘要栏注明“此页空白”。年终结账后，在“结转下年”的下一行摘要栏注明“以下空白”。

6. 承前过次

每登记满一张账页并将结转下页时，应当结出该页合计数和余额，写在该页最后一行和下页第一行有关栏内，并在该页的摘要栏内注明“过次页”字样，在次页的摘要栏内注明“承前页”字样。

7. 登账规范及书写规范

登记账簿时，应当将会计凭证日期、编号、业务内容摘要、金额和其他有关资料逐项记入账内，同时，记账人员要在记账凭证上签名或者盖章，并注明已经登账的符号（如打“√”），防止漏记、重记和错记情况的发生。

记账要清晰、整洁，记账文字和数字要端正、清楚、书写规范，一般应占账簿每格高度的二分之一，以便留有改错的空间。

错账更正的方法

错误原因	更正方法	更正步骤要点
记账凭证无误，账簿的文字或数字有误	画线更正法	①画红线注销 ②在画的线上方用黑色或蓝色笔做出正确记录 ③在更正处盖章
记账凭证错误，凭证中仅金额少记	补充登记法	将少记金额补充登记入账
记账凭证错误，凭证中仅金额多记	红字（一步）冲销法	用红字冲销多记金额
记账凭证错误（科目错误、方向错误、混合错误）	红字（两步）冲销法	①用红字冲销原记录 ②重新填制正确的记账凭证 ③将正确凭证登记入账

【任务实施】

一、建立总分类账

1. 确定账簿采用的账页格式

在本任务中，账簿的账页格式采用订本式。

2. 填写账簿启用表及交接表

启用总分类账时，应按会计科目汇总表中各科目的顺序、编号登记总分类账目录表，按科目顺序设账，将各个账户的页码登记在目录中，每张账页（两面）设置一个总账账户，以便查阅。同时，应填写记账人员、财务负责人、主办会计姓名，并加盖名章和单位公章。填好的账簿启用表见图表 1-1-8。

图表 1-1-8 账簿启用表

账 簿 启 用 表

单位名称	广州安耐灯具有限责任公司									单位盖章
账簿名称	总分类账									广州安耐灯具有限责任公司财务专用章
账簿编号	2021 年 总1 册 第1 册									
账簿页数	144 页									
启用日期	2021 年 12 月 01 日									
经管人员	财务负责人			主办会计			记账			
	职别	姓名	盖章	职别	姓名	盖章	职别	姓名	盖章	
		冯娟			杨小玲			王静		

交接记录	职别	姓名	接管				移交				印花票粘贴处
			年	月	日	盖章	年	月	日	盖章	
			2021	12	01	杨小玲					

3. 登记总分类账期初余额

根据图表 1-1-1 有关内容登记总分类账期初余额。以“应收账款”账户为例，其相应总分类账见图表 1-1-9。

图表 1-1-9 应收账款总分类账（三栏订本式）

2021 年		凭证		摘要	√	借方										贷方										借或贷	余额									
月	日	种类	号数			千	百	十	万	千	百	十	元	角	分	千	百	十	万	千	百	十	元	角	分		千	百	十	万	千	百	十	元	角	分
12	1	记		期初余额																						借		6	4	9	0	5	2	0	0	0

二、建立明细分类账

明细分类账通常采用活页式，年底时统一装订成册。安耐公司设置三类明细分类账，具体如下：

1. 三栏式明细分类账

首先填写账簿启用表，然后根据图表 1-1-1 有关内容登记明细分类账期初余额，每张账页（两面）设置一个明细账户。若资产、负债类账户期初无余额，可不登记期初数。

以“应付职工薪酬——工资”账户为例，其明细分类账见图表 1-1-10。

图表 1-1-10　应付职工薪酬——工资明细分类账（三栏式）

2021 年		凭证		摘要	√	借方										贷方										借或贷	余额									
月	日	种类	号数			千	百	十	万	千	百	十	元	角	分	千	百	十	万	千	百	十	元	角	分		千	百	十	万	千	百	十	元	角	分
12	1	记		期初余额																						贷			2	8	0	7	6	9	2	3

2. 数量金额式明细分类账

首先填写账簿启用表，然后根据图表 1-1-1 有关内容设置账页，每张账页（两面）设置一个明细账户，登记期初余额。

以“原材料——灯珠”账户为例，其明细分类账见图表 1-1-11。

图表 1-1-11　原材料——灯珠明细分类账（数量金额式）　　数量单位：箱

2021 年		凭证		摘要	√	借方										贷方										借或贷	余额										
月	日	种类	号数			数量	单价	金额								数量	单价	金额									数量	单价	金额								
								十	万	千	百	十	元	角	分			十	万	千	百	十	元	角	分				百	十	万	千	百	十	元	角	分
12	1	记		期初余额																						借	2 500	160.00		4	0	0	0	0	0	0	0

3. 多栏式明细分类账

安耐公司设置的多栏式明细分类账有生产成本、期间费用、制造费用、应交税费——应交增值税明细分类账，期间费用明细分类账用于核算管理费用、财务费用和销售费用的明细发生情况。

首先填写账簿启用表，然后填写账页信息。由于多栏式明细分类账账簿由打开后显示为同一格式的两页账页组成，所以首页不填写，在第二页填写对应账户名称及明细内容。

期间费用明细分类账摘要栏应写“本年累计”或“1 月—11 月累计发生额”，并在“借方”“贷方”栏内分别写上 1 月—11 月的累计发生金额。

采用多栏式账簿登记期间费用及生产成本明细分类账时，默认方向为借方，当结转或表示相反方向时可用红字登记。

最后，根据图表 1-1-1 有关内容建立各明细分类账。建好的生产成本明细分类账见图表 1-1-12，销售费用明细分类账见图表 1-1-13，制造费用明细分类账见图表 1-1-14，应交税费——应交增值税明细分类账见图表 1-1-15。

图表 1-1-12　生产成本明细分类账

编号________总页________

计量单位：个　　　　车间 一车间

完工产量________　　　　产品名称 筒灯

2021年		凭证		摘要	成本项目																														合计									
					直接材料										直接人工										制造费用																			
月	日	种类	号数		千	百	十	万	千	百	十	元	角	分	千	百	十	万	千	百	十	元	角	分	千	百	十	万	千	百	十	元	角	分	千	百	十	万	千	百	十	元	角	分
12	1			期初余额				5	8	1	2	6	7	0					6	9	8	4	5	3				1	0	8	8	9	4	4				7	6	0	0	0	6	7

图表 1-1-13　销售费用明细分类账　　　　单位：元

2021年		凭证号	摘要	合计	工资	广告费	职工福利费	运杂费	财产保险费	水电费	折旧费	其他
月	口											
12	1		1 月—11 月累计发生额	56 268 870. 55	2 420 310	37 482 103	338 844	364 708	120 400	691 543	188 508	14 662 454. 55

图表 1-1-14　制造费用明细分类账

生产车间：一车间　　　　单位：元

2021 年		凭证号	摘要	合计	工资	职工福利费	折旧费	低值易耗品	机物料消耗	财产保险费	水电费	其他
月	日											

注：根据图表 1-1-1 中的资料，“制造费用”账户期初无余额，仅设立账页建账，等本月有实际发生额时再直接按日期和凭证号登账。

图表 1-1-15　应交税费——应交增值税明细分类账

单位：元

2021 年		凭证号	摘要	借方				贷方				借或贷	余额
月	日			合计	进项税额	已交税金	转出未交增值税	合计	销项税额	进项税额转出	转出多交增值税		

注：根据图表 1-1-1，“应交税费——应交增值税”账户期初无余额，仅设立账页建账，等本月有实际发生额时再直接按日期和凭证号登账。

三、建立日记账

日记账分为银行存款日记账和库存现金日记账，通常由出纳人员进行登记。

首先填写账簿启用表，然后根据图表 1-1-1 中的有关资料登记银行存款日记账和库存现金日记账的期初余额，分别见图表 1-1-16 和图表 1-1-17。

图表 1-1-16　银行存款日记账（三栏订本式）

会计科目：银行存款

2021 年		凭证		摘要	√	借方										贷方										借或贷	余额									
月	日	种类	号数			千	百	十	万	千	百	十	元	角	分	千	百	十	万	千	百	十	元	角	分		千	百	十	万	千	百	十	元	角	分
12	1	记		期初余额																						借		1	0	3	7	8	0	3	7	9

图表 1-1-17 库存现金日记账（三栏订本式）

会计科目：库存现金

2021年		凭证		摘要	√	借方										贷方										借或贷	余额									
月	日	种类	号数			千	百	十	万	千	百	十	元	角	分	千	百	十	万	千	百	十	元	角	分		千	百	十	万	千	百	十	元	角	分
12	1	记		期初余额																						借					5	5	0	0	0	0

任务二 检查期初建账的正确性

【任务导入】

安耐公司会计人员按照要求建立了总分类账、明细分类账及日记账后，还必须进行正确性检查，这样才算是真正完成了建账工作。

【相关知识】

一、总体原则

检查期初建账正确性的总体原则见图表 1-2-1。

图表 1-2-1 检查期初建账正确性的总体原则

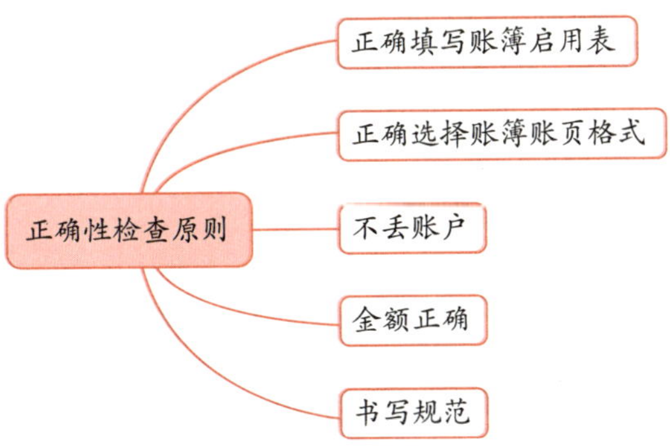

二、试算平衡

检查期初建账正确性时，通常要进行试算平衡。试算平衡是根据会计恒等式和借贷记账法的记账规则，通过汇总计算和比较检查账户记录正确性、完整性的一种方法。平衡包括发生额平衡和余额平衡。

1. 发生额平衡

理论依据："有借必有贷，借贷必相等"的记账规则。

平衡公式：全部账户借方发生额合计=全部账户贷方发生额合计

作用：检查每一项经济业务的记录是否正确，或检查一定会计期间内所有经济业务记录的正确性。

2. 余额平衡

理论依据：资产等于负债与所有者权益之和。

平衡公式：全部账户借方余额合计=全部账户贷方余额合计

作用：检查每一个账户的记录是否正确，或检查一定会计期间内所有账户记录的正确性。

【任务实施】

一、检查总分类账的正确性

经检查，2021 年 11 月末所有总账账户的借方期初余额合计数为 24 058 634.48，贷方期初余额合计数为 24 058 634.48，二者相等。

二、检查明细分类账的正确性

经检查，2021 年 11 月末各总账账户的期初余额与其所属明细账户的余额之和相等。

三、检查日记账的正确性

1. 库存现金日记账

经检查，会计人员登记的总分类账余额与出纳人员登记的库存现金日记账余额相等，出纳人员登记的库存现金日记账余额与库存实际现金数相等。

2. 银行存款日记账

经检查，所有银行存款日记账余额之和与银行存款总账账户余额相等。

项目二
综合经济业务处理

学习目标

知识目标

1. 掌握原始凭证、记账凭证的填制、审核方法和不同经济业务的会计处理方法。

2. 掌握不同账簿的登账方法，体会科目的性质、账页的特征及错账的更正方法。

3. 掌握编制科目汇总表的基本程序，掌握试算平衡的方法。

4. 理解总分类账和明细分类账平行登记的概念。

5. 掌握日记账、明细分类账和总分类账的结账规则。

能力目标

1. 能够熟练开具增值税发票，填写银行支票、汇票及其他现金收支凭证。

2. 能够正确填制收料单、发料单、出库单、入库单、付款报告单、材料费用分配表、固定资产折旧表、工资结算汇总表、公允价值变动调节表、固定资产减值计算表、财产清查盘盈盘亏报告单、股利分配计算表等自制凭证。

3. 能够采用实际成本法和计划成本法对购入的材料进行核算，并正确计算购入材料与结转发出材料的成本差异。

4. 能够采用月末一次加权平均法核算销售产品的成本。

5. 能够运用约当产量比例法分配计算完工产品成本和月末在产品成本。

6. 能够采用直接分配法分配辅助生产费用。

7. 能够独立进行坏账核销业务核算。

8. 能够结转期末收入与费用，核算本年利润。

9. 能够根据原始凭证准确判断出不同的经济业务类型，进而正确填写记账凭证并登记相关明细分类账。

10. 能够进行期末对账和结账工作。

【项目导学】

综合经济业务处理是以模拟企业一个月的完整经济业务为基础进行分析处理，即依据真实会计岗位工作中的原始凭证或单据资料判断发生的经济业务类型，继而正确完成填制记账凭证、登记账簿等会计处理工作。

综合经济业务处理包括日常综合业务处理及期末会计事项处理两个任务。日常综合业务处理涵盖缴纳税款与日常费用业务核算，材料采购与付款业务核算，产品销售与收款业务核算，应付职工薪酬业务核算，坏账核销业务核算，成本费用业务核算，金融资产业务核算，固定资产购入、安装、报废业务核算，无形资产购入、研发、处置业务核算及财产清查业务核算等。期末会计事项处理包括期末会计账项调整与利润核算、对账和结账等。

思维导图

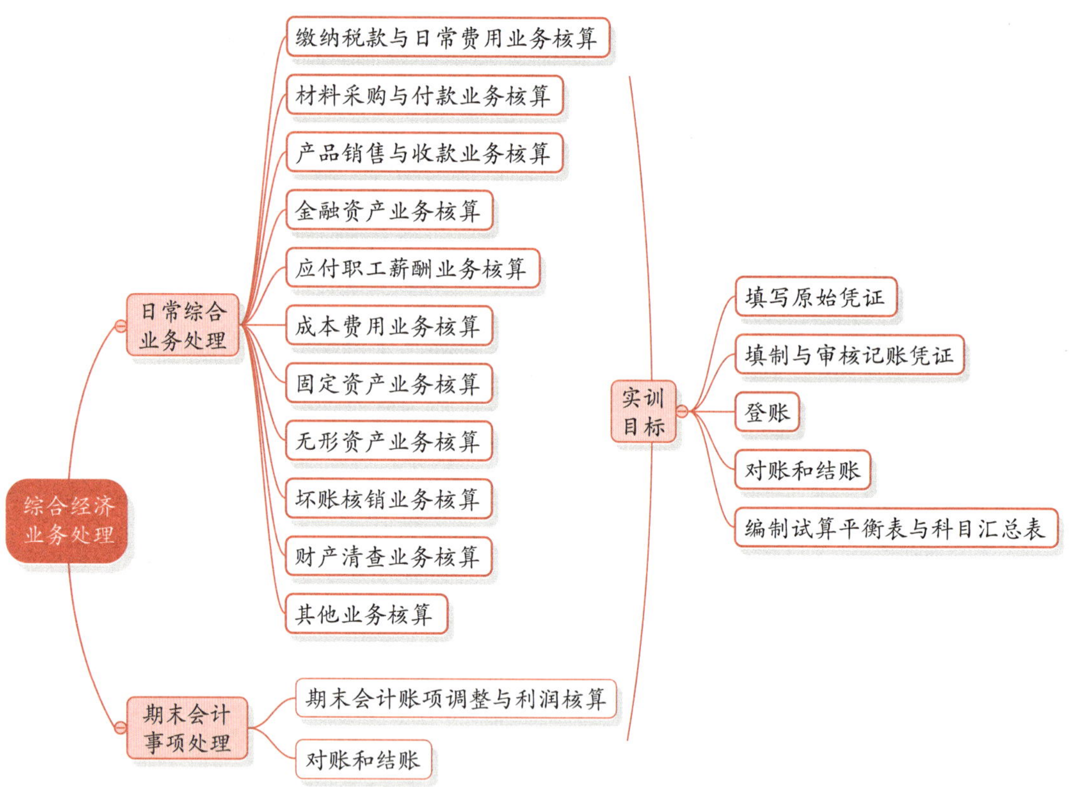

任务一　日常综合业务处理

【任务导入】

2021 年 12 月，安耐公司发生数十项日常综合业务（具体见下文“任务实施”中的内容），财务人员需要依据这些业务涉及的原始凭证和账簿资料编制记账凭证，进行账务处理，部分业务还需要进行核算并填制有关单据。

【相关知识】

一、非正常损失

根据《中华人民共和国增值税暂行条例》和《中华人民共和国增值税暂行条例实施细则》，非正常损失的购进货物及相关的应税劳务的进项税额不得从销项税额中抵扣。所谓非正常损失是指生产经营过程中正常损耗外的损失，如因管理不善造成的货物被盗窃、发生霉烂变质等损失。

二、其他综合收益

其他综合收益是指直接计入所有者权益的利得（或损失），主要包括可供出售金融资产的公允价值变动、按照权益法核算的在被投资单位其他综合收益中所享有的份额等。其他综合收益一般由特定资产的计价变动形成，当处置特定资产时，其他综合收益也应一并处置。

三、销售商品收入的确认条件

一是企业已将商品所有权相关的主要风险和报酬转移给购货方。

二是企业对已售出的商品既没有保留通常与所有权相联系的继续管理权，也没有实施有效控制。

三是收入的金额能够可靠计量。

四是与交易相关的经济利益能够流入企业。

五是相关成本能够可靠计量。

四、约当产量比例法

约当产量是将月末在产品数量按照完工程度折算的相当于完工产品的产量。约当产量比例法是将生产费用按完工产品产量和在产品约当产量之间的比例进行分配，计算完工产品和在产品成本的一种方法。采用约当产量比例法时，要将产品应负担的全部成本

按照完工产品产量和月末在产品约当产量的比例分配计算完工产品成本和月末在产品成本。

首先，应确定某道工序在产品完工程度。然后，根据以下公式分别计算相应数据。

在产品约当产量=在产品数量×完工程度

产品单位成本=（月初在产品成本+本月发生生产成本）÷（产成品产量+月末在产品约当产量）

完工产品成本=单位成本×完工产品产量

月末在产品成本=月初在产品成本+本月发生生产成本−单位成本×完工产品产量

或，月末在产品成本=单位成本×月末在产品约当产量

五、账结法与表结法

采用账结法时，每月月末将所有损益类账户的余额转入“本年利润”账户，结转后损益类账户月末均没有余额，“本年利润”账户的贷方余额表示年度内累计实现的净利润，借方余额表示年度内累计发生的净亏损。采用账结法时，账面上能够直接反映各月月末累计实现的净利润和累计发生的净亏损，但每月结转本年利润的工作量较大。

采用表结法时，每月月末不结转本年利润，即“本年利润”账户 1 月—11 月每月月末无任何记录，只有在年末才将所有损益类账户的余额转入“本年利润”账户。采用表结法时，各月月末的累计净利润或净亏损不能在账面上直接得到反映，需要在损益表中进行结算，但由于平时不结转本年利润，所以这样能够简化会计核算工作。

六、未确认融资费用

未确认融资费用是融资租入资产（或筹得长期借款）所发生的应在租赁期（或借款期）内各个期间进行分摊的未实现的融资费用，即由于融资而应承担的利息支出在租赁期（或借款期）内的分摊，也可视为承租方必须向出租方支付的因融资而产生的利息，因为融资租赁本身就包含了融资的目的。

“未确认融资费用”科目编号通常为 2802，科目性质为负债类，在编制财务报表时作为“长期应付款”的抵减项目，即在资产负债表中，“长期应付款”项目以“长期应付款”科目余额减去“未确认融资费用”科目余额和一年内到期的长期应付款金额填列。

【任务实施】

以下为安耐公司 2021 年 12 月经济业务资料。请根据以下每一项业务中涉及的原始凭证（或账簿资料）分别编制相应的记账凭证并进行账务处理。请自备通用记账凭证。

［业务1］12月1日，安耐公司接受华侨刘胜文捐赠的DY-223组装机。相关捐赠资产交接单见图表2-1-1，固定资产验收单见图表2-1-2。

图表2-1-1　捐赠资产交接单

2021年12月1日

捐赠单位（人）	华侨刘胜文	接受单位（人）	广州安耐灯具有限责任公司	
捐赠资产名称	原始价值（元）	评估确认价（元）	已提折旧（元）	预计使用年限
DY-223组装机	350 000.00	300 000.00		8年
合计人民币（大小写）	叁拾万元整（¥300 000.00）			
备注				

财务主管：冯娟　　　　设备管理员：欧柠柠　　　　制单：王静

图表2-1-2　固定资产验收单

2021年12月01日　　　　编号：01

名称	规格型号		来源	数量	购（造）价（元）	使用年限	预计残值（元）
组装机	DY-223		捐赠	1	300 000.00	8年	15 000.00
安装费（元）	月折旧率		建造单位		交工日期	附件	
			华侨刘胜文				
验收部门	二车间	验收人员	李怡	管理部门		管理人员	黄泽斌
备注							

审核：冯娟　　　　制单：杨小玲

［业务2］12月1日，安耐公司折价发行一批债券。债券基本情况见以下申请报告。

申请报告

我公司根据生产发展计划准备扩建生产车间，决定发行三年期一次还本、票面利率为5%的企业债券10 000张，每张面值50元，每半年支付一次债券利息。发行时按面值的10%折价发行，从发行之日起开始计息并支付本次交易相关费用8 000元。

申请单位：广州安耐灯具有限责任公司

2021年12月1日

相关银行进账单见图表 2-1-3，银行回单见图表 2-1-4。

图表 2-1-3　银行进账单

中国工商银行　进账单（收账通知）　3

2021 年 12 月 01 日　　№ 63416453

出票人	全　称	广州科瑞有限公司	收款人	全　称	广州安耐灯具有限责任公司
	账　号	4367386101887523627		账　号	5592309188758942360
	开户银行	中国建设银行广州黄埔支行		开户银行	中国工商银行广州宝旺路支行
金额	人民币（大写）	肆拾伍万元整	亿千百十万千百十元角分		¥ 4 5 0 0 0 0 0 0
票据种类	转支	票据张数	1		
票据号码					
复核 叶国豪　记账 曾斯然			收款人开户银行签章		

中国工商银行股份有限公司 广州宝旺路支行 业务专用章 123456789012

此联是收款人开户银行交给收款人的收账通知

图表 2-1-4　银行回单

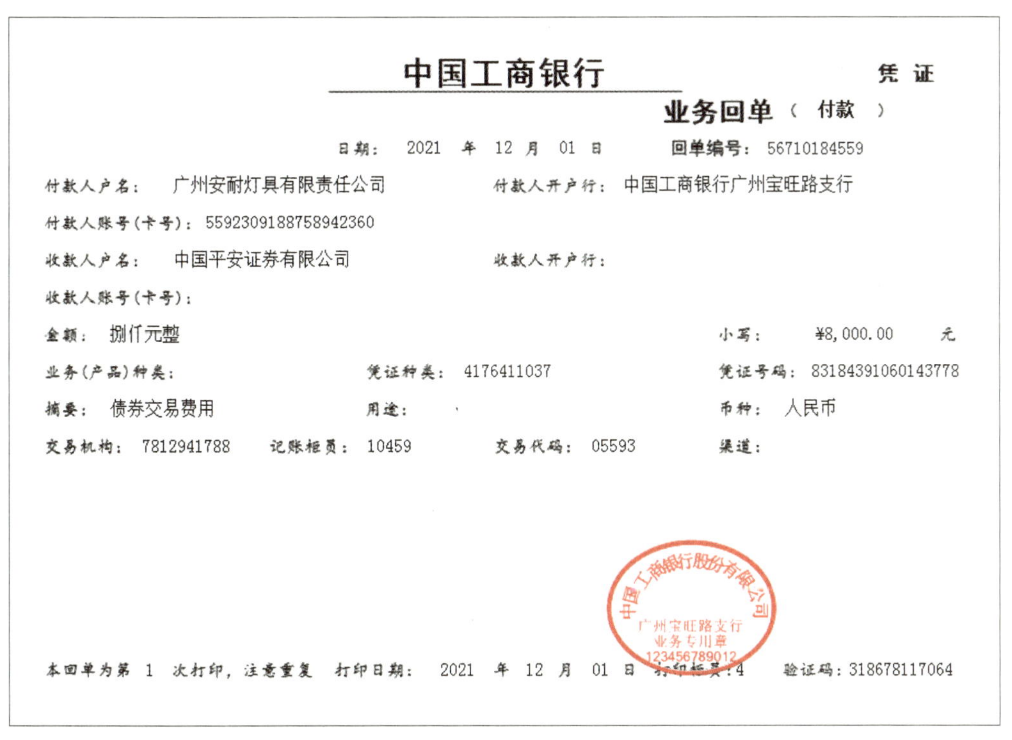
中国工商银行　凭证

业务回单（付款）

日期：2021 年 12 月 01 日　回单编号：56710184559

付款人户名：广州安耐灯具有限责任公司　付款人开户行：中国工商银行广州宝旺路支行

付款人账号（卡号）：5592309188758942360

收款人户名：中国平安证券有限公司　收款人开户行：

收款人账号（卡号）：

金额：捌仟元整　小写：¥8,000.00 元

业务（产品）种类：　凭证种类：4176411037　凭证号码：83184391060143778

摘要：债券交易费用　用途：　币种：人民币

交易机构：7812941788　记账柜员：10459　交易代码：05593　渠道：

中国工商银行股份有限公司 广州宝旺路支行 业务专用章 123456789012

本回单为第 1 次打印，注意重复　打印日期：2021 年 12 月 01 日　打印柜员：4　验证码：318678117064

注：债券交易费用为向第三方支付的中间费用。

［业务 3］12 月 2 日，安耐公司将所拥有的某自用房产转为投资性房产。相关《资产评估报告书》（摘要）如下：

资产评估报告书（摘要）

一、评估目的：对投资性房地产进行期初评估。

二、评估范围与对象：广州安耐灯具有限责任公司拥有的位于广州市海珠区鼎力路500号的办公楼。

三、评估基准日：2021年12月1日。

四、评估原则：遵循独立性、客观性、科学性、专业性的工作原则。

五、评估方法：市场法。

六、评估结论：根据2021年12月1日市场情况，本项目评估对象价值为5 000 000.00元（伍佰万元整）。

七、报告提出日期：2021年12月1日。

以上内容摘自《资产评估报告书》，欲了解本评估项目的详细情况，请认真阅读《资产评估报告书》全文。

广州岭峰资产评估事务所
法定代表人：赵建明
注册资产评估师：胡月华
万方
2021年12月2日

相关固定资产融资协议书如下：

固定资产融资协议书

承租单位	广州宝华有限公司	出租单位	广州安耐灯具有限责任公司
地址	广州市花都区隆伦路033号	地址	广州市海珠区鼎力路500号
账号	0332065421588956211	账号	5592309188758942360
开户银行	中国工商银行广州赤岗支行	开户银行	中国工商银行广州宝旺路支行

甲方（广州宝华有限公司）为合法经营需要，租用乙方（广州安耐灯具有限责任公司）房屋。双方经协商达成如下协议：

一、租赁物及用途

乙方愿意将位于广州市海珠区鼎力路500号、面积为350平方米的办公楼租赁给甲方使用。甲方愿意租用上述房屋，保证在约定范围内使用房屋，并不得进行违法活动。

二、租赁时间

甲方租赁乙方房屋的期限为4年，自2021年12月1日至2025年12月1日止。

三、租赁费用及支付方式

甲方租用乙方房屋的月租金为30 000.00元，先付租金后使用，按季缴纳。甲方在签订本协议的同时支付乙方首次租金90 000.00元后使用，以后租金在每季度届满前十日内缴付下一季度租金。

甲方所用的水、电费用由甲方自行承担。

租用期间房屋的修理费用由甲方承担。

四、本协议经双方签字并盖章后生效。

五、本协议书一式两份，双方各执一份。

甲方：
法定代表人：刘金正
日期：2021年12月02日

乙方：
法定代表人：李文君
日期：2021年12月02日

该租赁业务采用公允价值模式计量。收到的租金应根据权责发生制按月分摊，应属于本月的租金计入“其他业务收入”账户。

提示：该办公楼转为投资性房产后，公允价值小于其账面价值的差额计入“公允价值变动损益”账户，公允价值大于其账面价值的差额计入“其他综合收益”账户。

相关固定资产卡片见图表 2-1-5，银行进账单见图表 2-1-6。

图表 2-1-5　固定资产卡片

资产名称	办公楼	资产类别	房屋	资产编号	
规格型号		部门名称		存放地点	
制造单位名称	越秀实业	供货单位名称		购置日期	2010 年 12 月
原值	4 000 000.00 元	其中：安装费		使用年限	40 年
净残值率	5%	月折旧率	0.2%	已提折旧额	960 000.00 元
设备变动					
变动年月	2021 年 12 月	变动用途	出租	备注	
固定资产使用负责人	李文君	设备验收人	欧柠柠	复核	易斌

图表 2-1-6　银行进账单

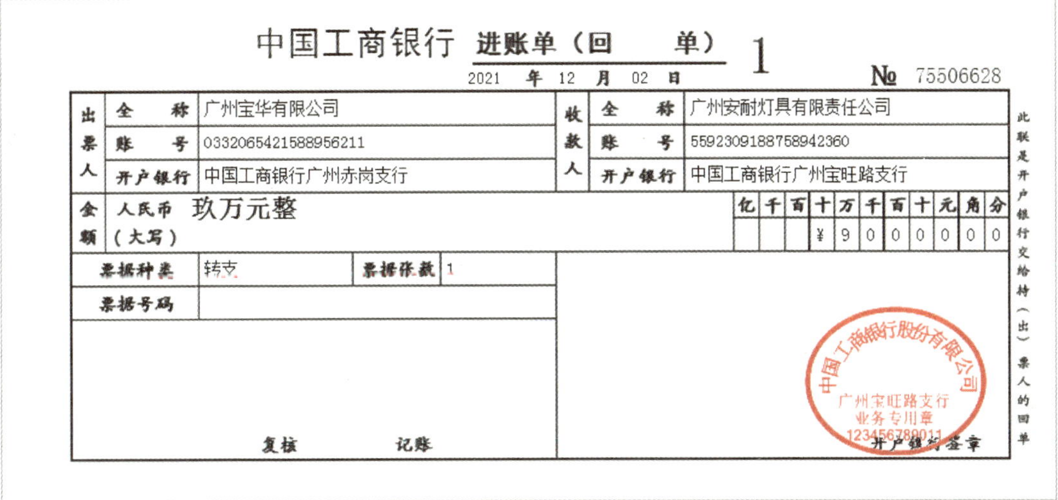

中国工商银行　进账单（回　单）　1

2021 年 12 月 02 日　　№ 75506628

出票人	全称	广州宝华有限公司	收款人	全称	广州安耐灯具有限责任公司
	账号	0332065421588956211		账号	559230918875894236O
	开户银行	中国工商银行广州赤岗支行		开户银行	中国工商银行广州宝旺路支行
金额	人民币（大写）	玖万元整		¥ 9 0 0 0 0 0 0	
票据种类	转支	票据张数	1		
票据号码					
复核	记账			开户银行签章	

中国工商银行股份有限公司 广州宝旺路支行 业务专用章 123456789011

此联是开户银行交给持（出）票人的回单

［业务 4］12 月 3 日，安耐公司收到广州星艺装饰有限公司汇来的货款。相关银行回单见图表 2-1-7。

图表 2-1-7 银行回单

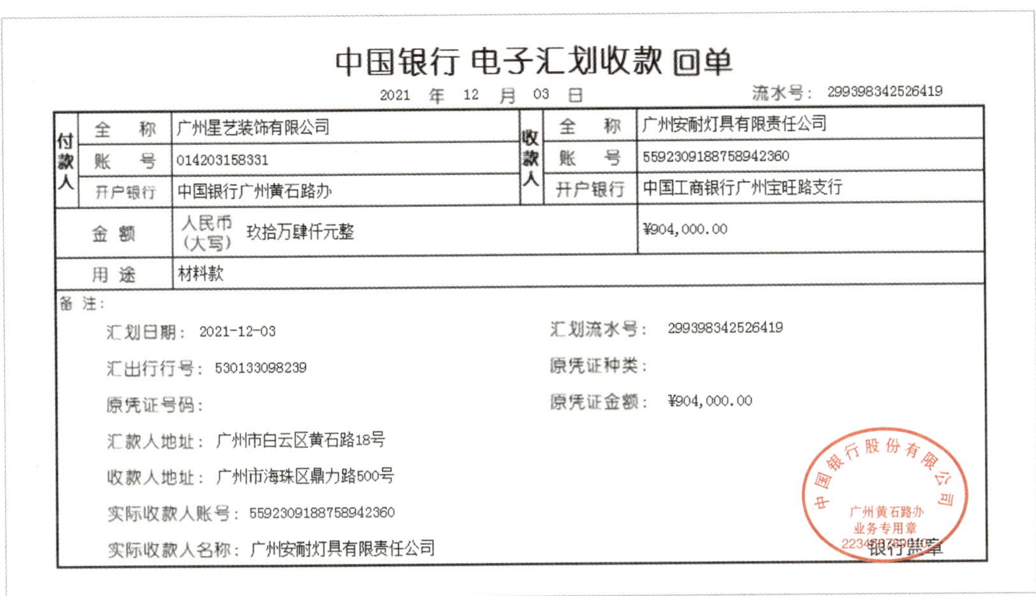

中国银行 电子汇划收款 回单

2021 年 12 月 03 日　　流水号：299398342526419

付款人	全　称	广州星艺装饰有限公司	收款人	全　称	广州安耐灯具有限责任公司
	账　号	014203158331		账　号	5592309188758942360
	开户银行	中国银行广州黄石路办		开户银行	中国工商银行广州宝旺路支行
金　额	人民币（大写）	玖拾万肆仟元整			¥904,000.00
用　途	材料款				

备　注：

汇划日期：2021-12-03　　汇划流水号：299398342526419

汇出行行号：530133098239　　原凭证种类：

原凭证号码：　　原凭证金额：¥904,000.00

汇款人地址：广州市白云区黄石路18号

收款人地址：广州市海珠区鼎力路500号

实际收款人账号：5592309188758942360

实际收款人名称：广州安耐灯具有限责任公司

中国银行股份有限公司 广州黄石路办 业务专用章

银行盖章

［业务 5］12 月 4 日，安耐公司以电汇方式向深圳南方材料厂汇去一笔款项，用于购买材料。相关电汇凭证见图表 2-1-8。

图表 2-1-8 电汇凭证

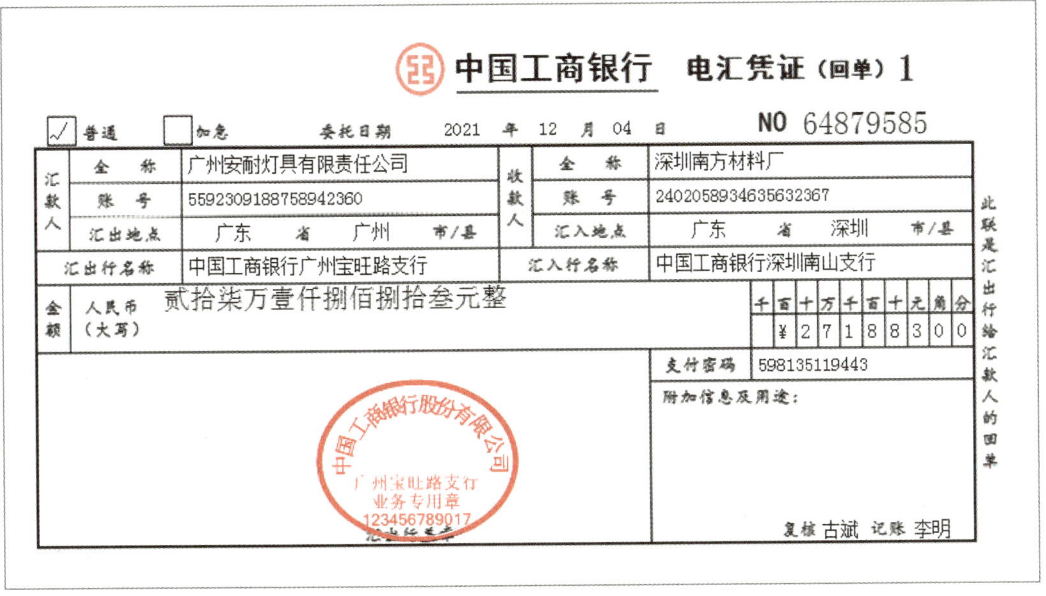

中国工商银行 电汇凭证（回单）1

☑普通　☐加急　委托日期 2021 年 12 月 04 日　　NO 64879585

汇款人	全　称	广州安耐灯具有限责任公司	收款人	全　称	深圳南方材料厂
	账　号	5592309188758942360		账　号	2402058934635632367
	汇出地点	广东 省 广州 市/县		汇入地点	广东 省 深圳 市/县
汇出行名称		中国工商银行广州宝旺路支行	汇入行名称		中国工商银行深圳南山支行

金额	人民币（大写）	千	百	十	万	千	百	十	元	角	分
	贰拾柒万壹仟捌佰捌拾叁元整		¥	2	7	1	8	8	3	0	0

支付密码：598135119443

附加信息及用途：

中国工商银行股份有限公司 广州宝旺路支行 业务专用章 123456789017

汇出行签章

复核 古斌　记账 李明

此联是汇出行给汇款人的回单

深圳南方材料厂向安耐公司开具了相关增值税发票，见图表 2-1-9 和图表 2-1-10。

图表 2-1-9　增值税发票（货款）

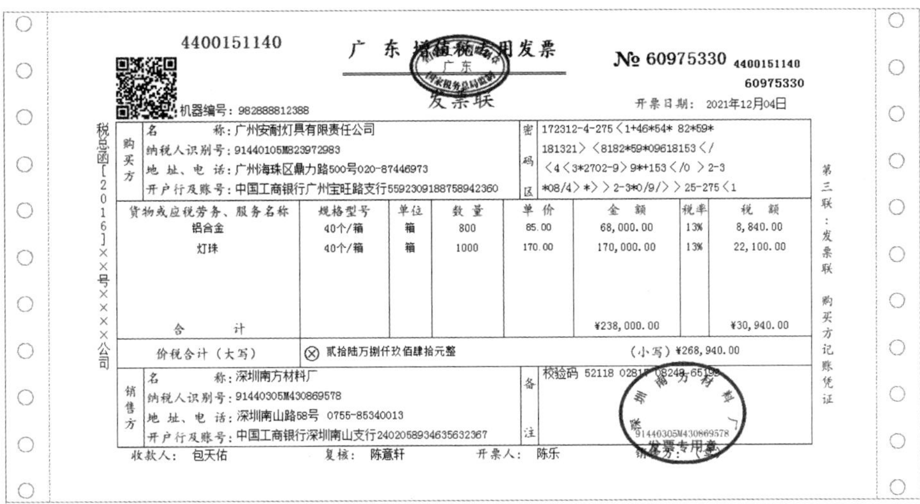

4400151140　　广东增值税专用发票　　№ 60975330　4400151140　60975330

发票联

机器编号：982888812388　　开票日期：2021年12月04日

购买方	名称：广州安耐灯具有限责任公司 纳税人识别号：91440105M823972983 地址、电话：广州海珠区鼎力路500号020-87446973 开户行及账号：中国工商银行广州宝旺路支行5592309188758942360	密码区	172312-4-275<1+46*54* 82*59* 181321> <8182*59*09618153</ <4<3*2702-9> 9*+153</0 >2-3 *08/4>*>>2-3*0/9/>>25-275<1

货物或应税劳务、服务名称	规格型号	单位	数量	单价	金额	税率	税额
铝合金	40个/箱	箱	800	85.00	68,000.00	13%	8,840.00
灯珠	40个/箱	箱	1000	170.00	170,000.00	13%	22,100.00
合　计					¥238,000.00		¥30,940.00
价税合计（大写）	⊗贰拾陆万捌仟玖佰肆拾元整				（小写）¥268,940.00		

销售方	名称：深圳南方材料厂 纳税人识别号：91440305M430869578 地址、电话：深圳南山路58号　0755-85340013 开户行及账号：中国工商银行深圳南山支行2402058934635632367	备注	校验码 52118 02817 08248 65199

收款人：包天佑　　复核：陈意轩　　开票人：陈乐　　销售方：（章）

深圳南方材料厂　91440305M430869578　发票专用章

税总函[2016]××号×××公司

第三联：发票联　购买方记账凭证

图表 2-1-10　增值税发票（运输费）

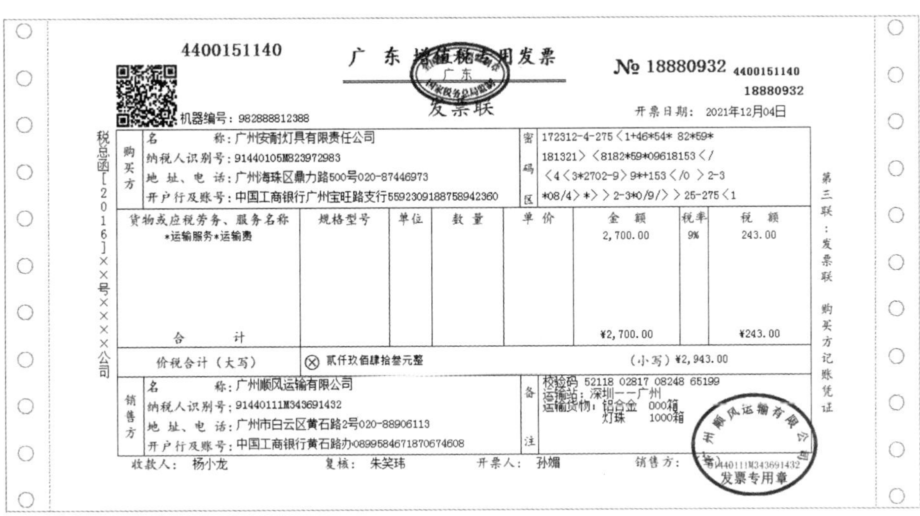

4400151140　　广东增值税专用发票　　№ 18880932　4400151140　18880932

发票联

机器编号：982888812388　　开票日期：2021年12月04日

购买方	名称：广州安耐灯具有限责任公司 纳税人识别号：91440105M823972983 地址、电话：广州海珠区鼎力路500号020-87446973 开户行及账号：中国工商银行广州宝旺路支行5592309188758942360	密码区	172312-4-275<1+46*54* 82*59* 181321> <8182*59*09618153</ <4<3*2702-9> 9*+153</0 >2-3 *08/4>*>>2-3*0/9/>>25-275<1

货物或应税劳务、服务名称	规格型号	单位	数量	单价	金额	税率	税额
*运输服务*运输费					2,700.00	9%	243.00
合　计					¥2,700.00		¥243.00
价税合计（大写）	⊗贰仟玖佰肆拾叁元整				（小写）¥2,943.00		

销售方	名称：广州顺风运输有限公司 纳税人识别号：91440111M343691432 地址、电话：广州市白云区黄石路2号020-88906113 开户行及账号：中国工商银行黄石路办0899584671870674608	备注	校验码 52118 02817 08248 65199 运输站：深圳——广州 运输货物：铝合金　000箱 灯珠　1000箱

收款人：杨小龙　　复核：朱笑玮　　开票人：孙媚　　销售方：（章）

广州顺风运输有限公司　91440111M343691432　发票专用章

税总函[2016]××号×××公司

第三联：发票联　购买方记账凭证

4400151140　　广东增值税专用发票　　№ 47437903　4400151140　47437903

抵扣联

机器编号：982888812388　　开票日期：2021年12月04日

购买方	名称：广州安耐灯具有限责任公司 纳税人识别号：01440106MD20972900 地址、电话：广州海珠区鼎力路500号020-87446973 开户行及账号：中国工商银行广州宝旺路支行5592309188758942360	密码区	172312-4-275<1+46*54* 82*59* 181321> <8182*59*09618153</ <4<3*2702-9> 9*+153</0 >2-3 *08/4>*>>2-3*0/9/>>25-275<1

货物或应税劳务、服务名称	规格型号	单位	数量	单价	金额	税率	税额
*运输服务*运输费					2,700.00	9%	243.00
合　计					¥2,700.00		¥243.00
价税合计（大写）	⊗贰仟玖佰肆拾叁元整				（小写）¥2,943.00		

销售方	名称：广州顺风运输有限公司 纳税人识别号：91440111M343691432 地址、电话：广州市白云区黄石路2号020-88906113 开户行及账号：中国工商银行黄石路办0899584671870674608	备注	校验码 52118 02817 08248 65199 运输站：深圳——广州 运输货物：铝合金　800箱 灯珠　1000箱

收款人：杨小龙　　复核：朱笑玮　　开票人：孙媚　　销售方：（章）

广州顺风运输有限公司　91440111M343691432　发票专用章

税总函[2016]××号×××公司

第二联：抵扣联　购买方扣税凭证

注：增值税专用发票各联次内容相同，本书除运输费发票同时呈现抵扣联和发票联外（运输费专用发票为购买方票据），其他发票仅呈现其中一联。

要求：材料运抵并入库后，填制材料采购运杂费分配表（见图表 2-1-11）和材料入库单（见图表 2-1-12），然后分别编制相应的记账凭证（下同）。

图表 2-1-11　材料采购运杂费分配表

年　月　日

发货单位				
材料名称	分配标准（箱）	分配率	分配金额（元）	备注
灯珠				
铝合金				
合计				

财务主管：　　　　复核：　　　　制表：

提示：运杂费按所购材料的箱数分配。

图表 2-1-12　材料入库单

发票号码：　　　　金额单位：元

供应单位：　　　　收料单编号：

收发类别：　　　　年　月　日　　　　收料仓库：

编号	名称	规格	单位	数量		实际成本					计划成本	
				应收	实收	买价		运杂费	其他	合计	单价	金额
						单价	金额					
合计												
备注												

采购员：　　　　检验员：　　　　记账员：　　　　保管员：

［业务 6］12 月 4 日，安耐公司营销部拟采购 7 000 元的胶盒，为此申请银行汇票。相关付款申请单见图表 2-1-13。

图表 2-1-13　广州安耐灯具有限责任公司付款申请单

申请部门：营销部　　　　　　　　　　　　　　　　　　　　2021 年 12 月 04 日

摘　　要	采购胶盒	合同编号	20902999
合同金额	柒仟元整	已付金额	
付款金额	人民币（大写）柒仟元整　　　　　¥：7 000.00		
付款方式	□现金　□转账支票　√银行汇票 □银行承兑汇票　□网银转账　□电汇 □银行本票　□其他	用款日期	2021-12-04
收款单位	深圳南方材料厂	领款人	向鑫

总经理：李文君　　　财务主管：冯娟　　　部门经理：徐子轩　　　经办人：向鑫

经审批后，安耐公司向银行提交了汇票申请书，见图表 2-1-14。

图表 2-1-14　汇票申请书

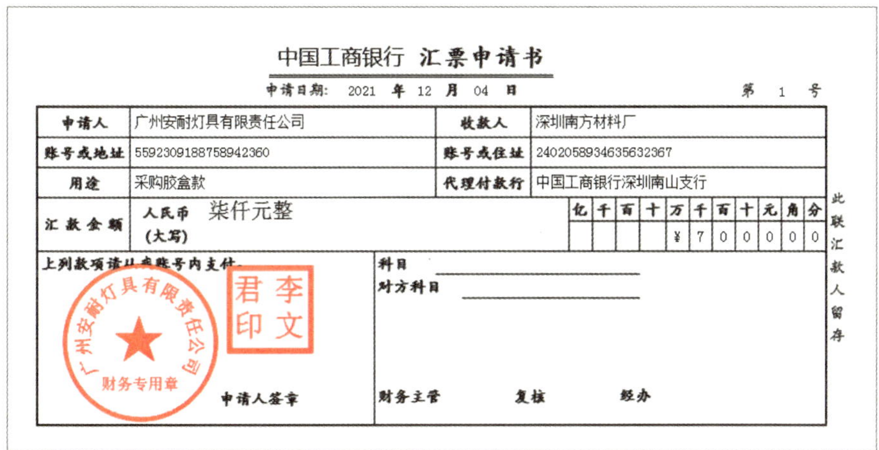

中国工商银行　汇票申请书

申请日期：2021 年 12 月 04 日　　　　　　第 1 号

申请人	广州安耐灯具有限责任公司	收款人	深圳南方材料厂
账号或地址	5592309188758942360	账号或住址	2402058934635632367
用途	采购胶盒款	代理付款行	中国工商银行深圳南山支行
汇款金额	人民币（大写）柒仟元整	亿 千 百 十 万 千 百 十 元 角 分	¥ 7 0 0 0 0 0
上列款项请从我账号内支付　（广州安耐灯具有限责任公司 财务专用章）（李文君印）　申请人签章		科目 对方科目 财务主管　复核　经办	

此联汇款人留存

银行审批后，办理了相关银行汇票，见图表 2-1-15 和图表 2-1-16。

图表 2-1-15　银行汇票（第 2 联）

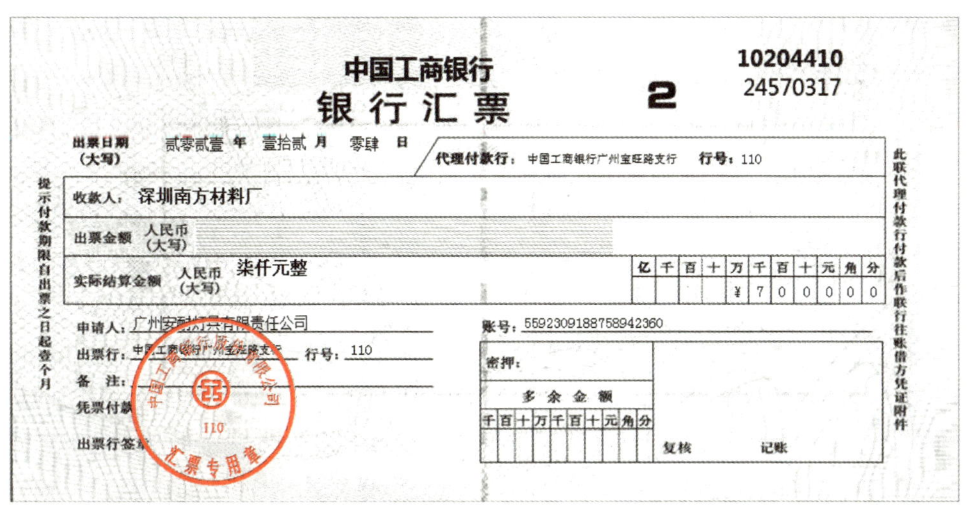

中国工商银行
银行汇票　　2　　10204410
24570317

出票日期（大写）　贰零贰壹 年 壹拾贰 月 零肆 日　　代理付款行：中国工商银行广州宝旺路支行　行号：110

收款人：深圳南方材料厂	
出票金额　人民币（大写）	
实际结算金额　人民币（大写）柒仟元整	亿 千 百 十 万 千 百 十 元 角 分：¥ 7 0 0 0 0 0

申请人：广州安耐灯具有限责任公司　　账号：5592309188758942360

出票行：中国工商银行广州宝旺路支行　行号：110

备　注：

凭票付款

出票行签章

密押：

多余金额：千 百 十 万 千 百 十 元 角 分

复核　　记账

提示付款期限自出票之日起壹个月

此联代理付款行付款后作联行往账借方凭证附件

图表 2-1-16　银行汇票（第 3 联）

中国工商银行　　10200040

银行汇票（解讫通知）　3　　52880902

出票日期（大写）：贰零贰壹 年 壹拾贰 月 零肆 日　　代理付款行：中国工商银行广州宝旺路支行　行号：110

收款人：深圳南方材料厂

出票金额：人民币（大写）

实际结算金额：人民币（大写）柒仟元整　　¥7 000.00

申请人：广州安耐灯具有限责任公司　　账号：5592309188758942360

出票行：中国工商银行广州宝旺路支行　行号：110

备　注：

代理付款行签章

复核　记账

密押：

多余金额（千 百 十 万 千 百 十 元 角 分）

复核：　记账：

提示付款期限自出票之日起一个月

此联代理付款行付款后随报单寄出票行由出票行作多余款贷方凭证

（印章：中国工商银行股份有限公司 110 汇票专用章）

注：银行汇票第 2 联和第 3 联交采购员外出采购使用，汇票申请书及付款申请单为该业务的原始凭证。

［业务 7］12 月 5 日，安耐公司向广州华联有限责任公司销售一批筒灯和射灯，相关销售单见图表 2-1-17。

图表 2-1-17　销售单

购货单位：广州华联有限责任公司　　地址和电话：广州市越秀区德政北路 122 号　　单据编号：6881

纳税人识别号：914401025135719200　　开户行及账号：中国工商银行广州越秀支行 0332025781665521344

制单日期：2021 年 12 月 05 日

编码	产品名称	规格	单位	数量	单价（元）	金额（元）	备注
	筒灯		箱	750	800.00	600 000.00	不含税价
	射灯		箱	500	1 000.00	500 000.00	不含税价
合计	人民币（大写）：壹佰壹拾万元整					¥1 100 000.00	

总经理：李文君　　销售经理：徐子轩　　经手人：向鑫　　会计：杨小玲　　签收人：张睿

要求：根据上述资料填制相关增值税发票，见图表 2-1-18。

图表 2-1-18 增值税发票

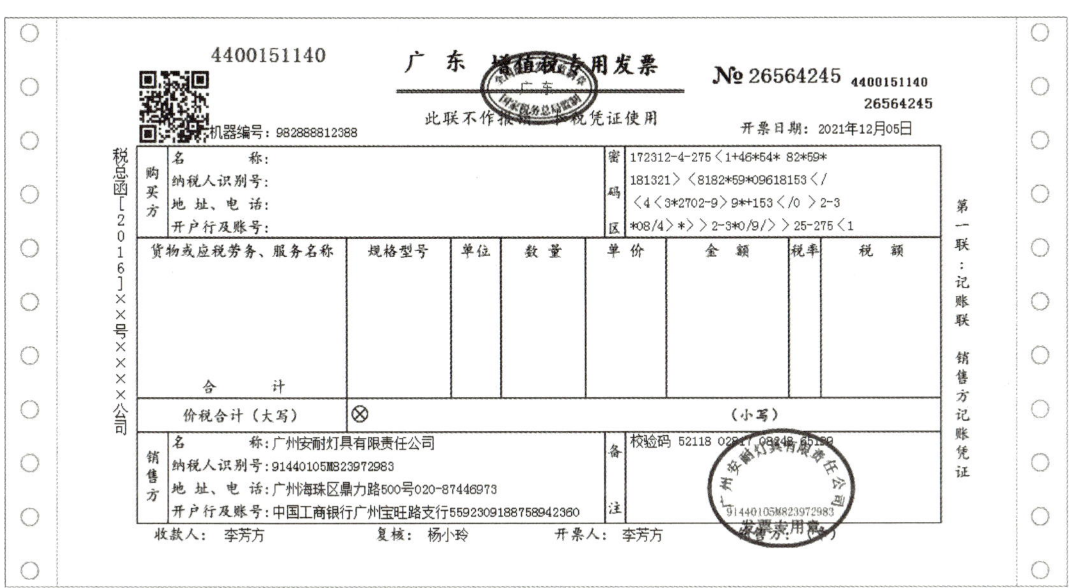

4400151140　　广东 增值税专用发票　　№ 26564245　4400151140　26564245

此联不作报销、扣税凭证使用

机器编号：982888812388　　开票日期：2021年12月05日

购买方	名　　称： 纳税人识别号： 地 址、电 话： 开户行及账号：				密码区	172312-4-275＜1+46*54* 82*59* 181321＞＜8182*59*09618153＜/ ＜4＜3*2702-9＞9*+153＜/0 ＞2-3 *08/4＞*＞＞2-3*0/9/＞＞25-275＜1	
货物或应税劳务、服务名称	规格型号	单位	数量	单价	金额	税率	税额
合　　计							
价税合计（大写）	⊗				（小写）		
销售方	名　　称：广州安耐灯具有限责任公司 纳税人识别号：91440105M823972983 地 址、电 话：广州海珠区鼎力路500号020-87446973 开户行及账号：中国工商银行广州宝旺路支行5592309188758942360				备注	校验码 52118 02917 08248 65129	

收款人：李芳方　　复核：杨小玲　　开票人：李芳方　　销售方：（章）

税总函[2016]××号×××公司

第一联：记账联 销售方记账凭证

广州华联有限责任公司向安耐公司支付货款，相关托收凭证见图表 2-1-19。

图表 2-1-19 托收凭证

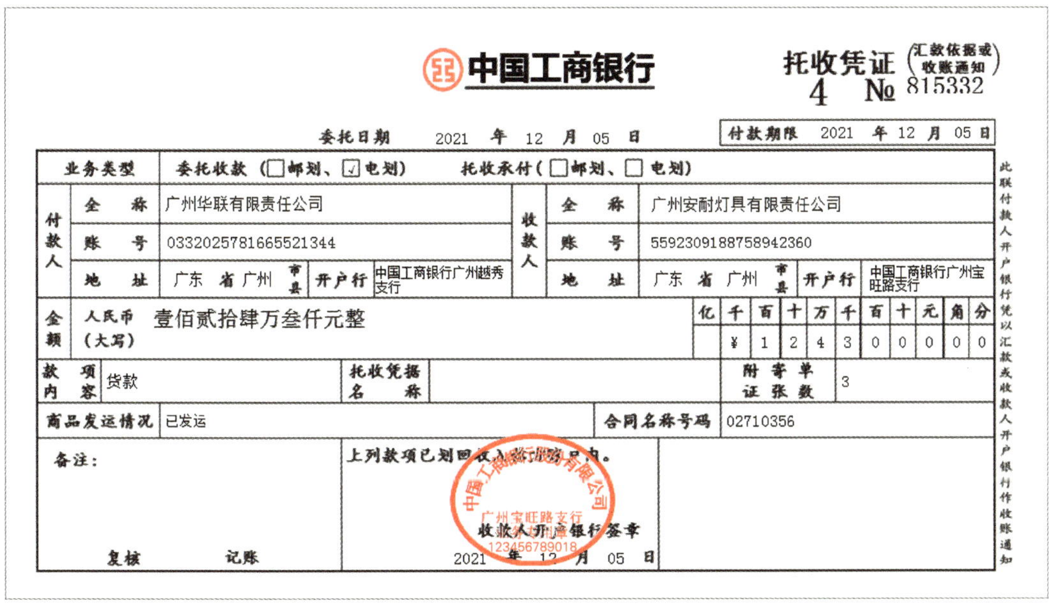

中国工商银行　　托收凭证（汇款依据或收账通知）4　№ 815332

委托日期 2021 年 12 月 05 日　　付款期限 2021 年 12 月 05 日

业务类型	委托收款（□邮划、☑电划）　托收承付（□邮划、□电划）				
付款人 全　称	广州华联有限责任公司		收款人 全　称	广州安耐灯具有限责任公司	
付款人 账　号	0332025781665521344		收款人 账　号	5592309188758942360	
付款人 地　址	广东 省 广州 市/县	开户行 中国工商银行广州越秀支行	收款人 地　址	广东 省 广州 市/县	开户行 中国工商银行广州宝旺路支行
金额	人民币（大写）壹佰贰拾肆万叁仟元整			亿 千 百 十 万 千 百 十 元 角 分	¥ 1 2 4 3 0 0 0 0 0
款项内容	货款	托收凭据名称		附寄单证张数	3
商品发运情况	已发运		合同名称号码	02710356	
备注： 复核　记账	上列款项已划回收入你方账户内。 收款人开户银行签章 2021 年 12 月 05 日				

此联付款人开户银行凭以汇款或收款人开户银行作收账通知

要求：收到货款后，安耐公司发出货物，填制相关出库单（见图表 2-1-20）。

图表 2-1-20　出库单

出货单位：　　日期：　　单号：

提货单位（部门）：　　销售单号：　　发货仓库：　　出库日期：

编码	名称	规格	单位	数量		单价（元）	金额（元）
				应发	实发		
合计	人民币（大写）：						

会计联

部门经理：　　会计：　　仓库：　　经办人：

注：发出材料采用月末一次加权平均法核算。

［业务 8］12 月 5 日，安耐公司向深圳南方材料厂采购一批胶盒，深圳南方材料厂向安耐公司开具了增值税发票，见图表 2-1-21。安耐公司以银行汇票方式支付货款，相关银行汇票见图表 2-1-22。

图表 2-1-21　增值税发票

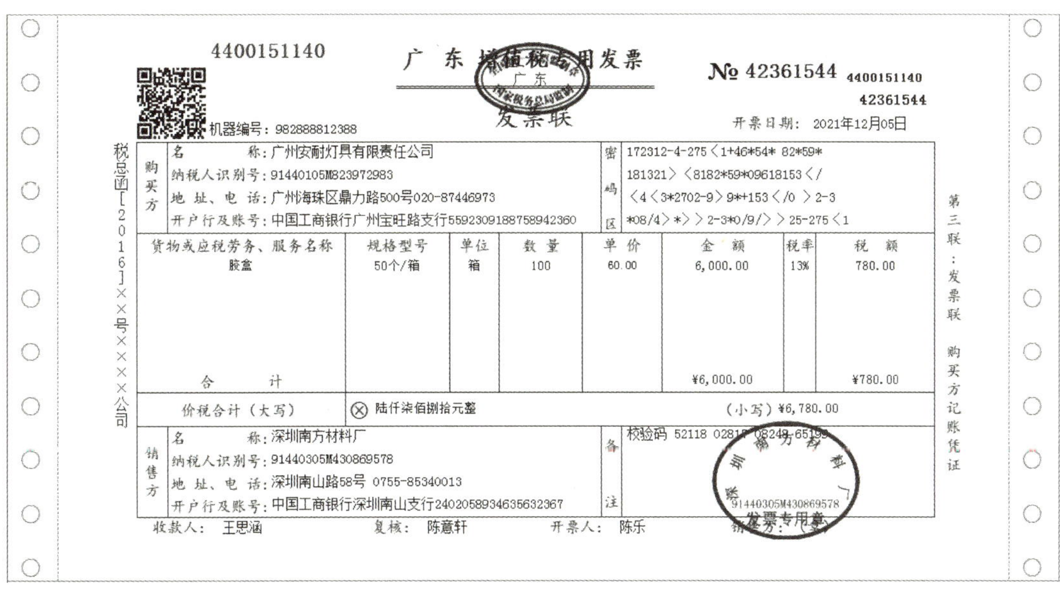

4400151140　　广　东　增值税专用发票　　№ 42361544　4400151140　42361544

发票联

机器编号：982888812388　　开票日期：2021年12月05日

税总函[2016]××号××××公司

购买方	名　　称：广州安耐灯具有限责任公司 纳税人识别号：91440105M823972983 地 址、电 话：广州海珠区鼎力路500号020-87446973 开户行及账号：中国工商银行广州宝旺路支行5592309188758942360	密码区	172312-4-275〈1+46*54* 82*59* 181321〉〈8182*59*09618153〈/ 〈4〈3*2702-9〉9*+153〈/0 〉2-3 *08/4〉*〉〉2-3*0/9/〉〉25-275〈1

货物或应税劳务、服务名称	规格型号	单位	数量	单价	金额	税率	税额
胶盒	50个/箱	箱	100	60.00	6,000.00	13%	780.00
合　　计					¥6,000.00		¥780.00
价税合计（大写）	⊗ 陆仟柒佰捌拾元整				（小写）¥6,780.00		

销售方	名　　称：深圳南方材料厂 纳税人识别号：91440305M430869578 地 址、电 话：深圳南山路58号 0755-85340013 开户行及账号：中国工商银行深圳南山支行2402058934635632367	备注	校验码 52118 0281? 08248 6519? 深圳南方材料厂 91440305M430869578 发票专用章

收款人：王思涵　　复核：陈意轩　　开票人：陈乐　　销售方：（章）

第三联：发票联　购买方记账凭证

图表 2-1-22 银行汇票

中国工商银行

银行汇票（多余款收账通知） 4

10200040
89077776

提示付款期限自出票之日起一个月

出票日期（大写）：贰零贰壹 年 壹拾贰 月 零伍 日

代理付款行：中国工商银行广州宝旺路支行 行号：110

收款人：深圳南方材料厂

出票金额 人民币（大写） 柒仟元整

实际结算金额 人民币（大写） 陆仟柒佰捌拾元整

亿	千	百	十	万	千	百	十	元	角	分
				¥	6	7	8	0	0	0

申请人：广州安耐灯具有限责任公司 账号：5592309188758942360

出票行：中国工商银行广州宝旺路支行 行号：110

备注：

密押：

多余金额

千	百	十	万	千	百	十	元	角	分
				¥	2	2	0	0	0

退回多余金额已收入你账户内。

出票行签章 （印章：中国工商银行股份有限公司 汇票专用章 110）

2021 年 12 月 05 日

此联由出票行结清多余款后交申请人

要求：货物送达后，根据上述资料填制收料单（见图表 2-1-23）。

图表 2-1-23 收 料 单

供应单位： 收料单编号： 金额单位：元

材料类别： 年 月 日 收料仓库：

材料编号	名称	规格	单位	数量		实际成本				
				应收	实收	买价		运杂费	其他	合计
						单价	金额			
合计										
备注										

第三联 记账联

仓库主管： 记账： 收料： 制单：

［业务 9］12 月 5 日，安耐公司以分期付款的方式向华南设备有限公司购买某固定资产，相关购销合同如下：

购销合同

合同编号：41680372

购货单位（甲方）：广州安耐灯具有限责任公司

供货单位（乙方）：华南设备有限公司

根据《中华人民共和国合同法》及国家相关法律法规之规定，甲乙双方本着平等互利的原则，就甲方购买乙方货物一事达成以下协议。

一、货物的名称、数量及价格

货物名称	规格型号	单位	数量	单价（元）	金额（元）	税率	价税合计（元）
LED 生产设备	F-Xp220	台	1	300 000.00	300 000.00	13%	339 000.00
合计（大写）叁拾叁万玖仟元整							¥339 000.00

二、交货方式：乙方免费运送和安装设备，交货时间：2021 年 12 月 5 日前，交货地点：广州安耐灯具有限责任公司仓库，运费由乙方承担。

三、付款时间与付款方式：甲方应在 2021 年 12 月 5 日支付首期款项 189 000 元，余下款项分别在 2022 年、2023 年、2024 年每年的 12 月 31 日平均支付。

四、甲方对乙方的货物质量有异议时，应在收到货物后 30 天 内提出，逾期视为货物质量合格。

五、未尽事宜经双方协商可签订补充协议，补充协议与本合同具有同等效力。

六、本合同自双方签字、盖章之日起生效。本合同一式两份，甲乙双方各执一份。

甲方（签章）：广州安耐灯具有限责任公司

授权代表：李文君

地　　址：广州市海珠区鼎力路 500 号

电　　话：020-87446973

日　　期：2021 年 12 月 05 日

乙方（签章）：华南设备有限公司

授权代表：马俊辉

地　　址：广州市海珠区新港路 104 号

电　　话：020-47808076

日　　期：2021 年 12 月 05 日

要求：根据上述资料填制固定资产验收单（见图表 2-1-24）和支票（见图表 2-1-25）。

注意：①填写支票时，支付首期款；②根据公开市场情况，折现率为 10%；③应将设备价款折为现值，将该现值登记为固定资产入账单中的设备价款；④本业务中的印花税缴纳业务在后面的“业务 48”中统一进行账务处理。

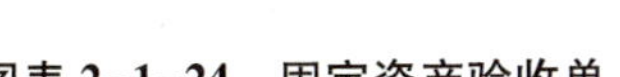

图表 2-1-24　固定资产验收单

年　月　日　　　　编号：

名称	规格型号		来源	数量	购（造）价（元）	使用年限	预计残值（元）
安装费（元）	月折旧率		建造单位		交工日期	附件	
验收部门		验收人员		管理部门		管理人员	
备注							

审核：　　　　制单：

图表 2-1-25　支票

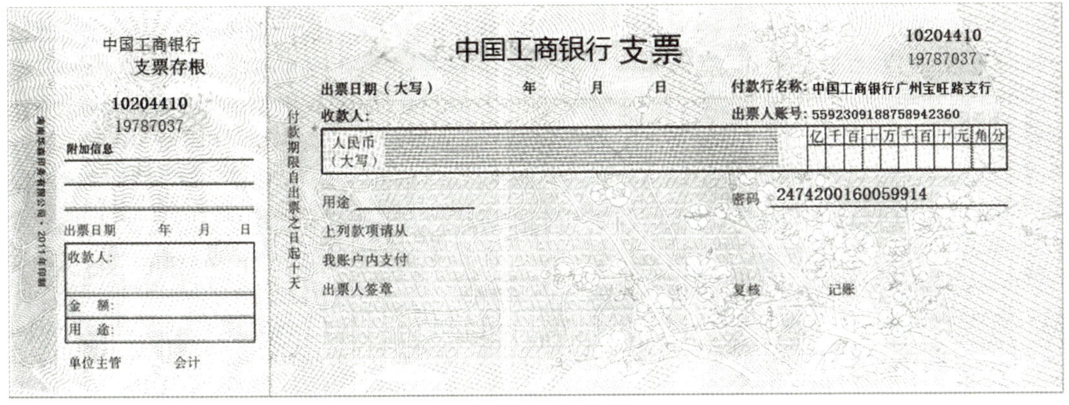

中国工商银行
支票存根
10204410
19787037
附加信息
出票日期　年　月　日
收款人：
金　额：
用　途：
单位主管　　会计

中国工商银行 支票　10204410
19787037
出票日期（大写）　年　月　日　付款行名称：中国工商银行广州宝旺路支行
收款人：　出票人账号：5592309188758942360
人民币（大写）　亿 千 百 十 万 千 百 十 元 角 分
付款期限自出票之日起十天
用途　密码 2474200160059914
上列款项请从
我账户内支付
出票人签章　复核　记账

华南设备有限公司向安耐公司开具了增值税发票，见图表 2-1-26。

图表 2-1-26　增值税发票

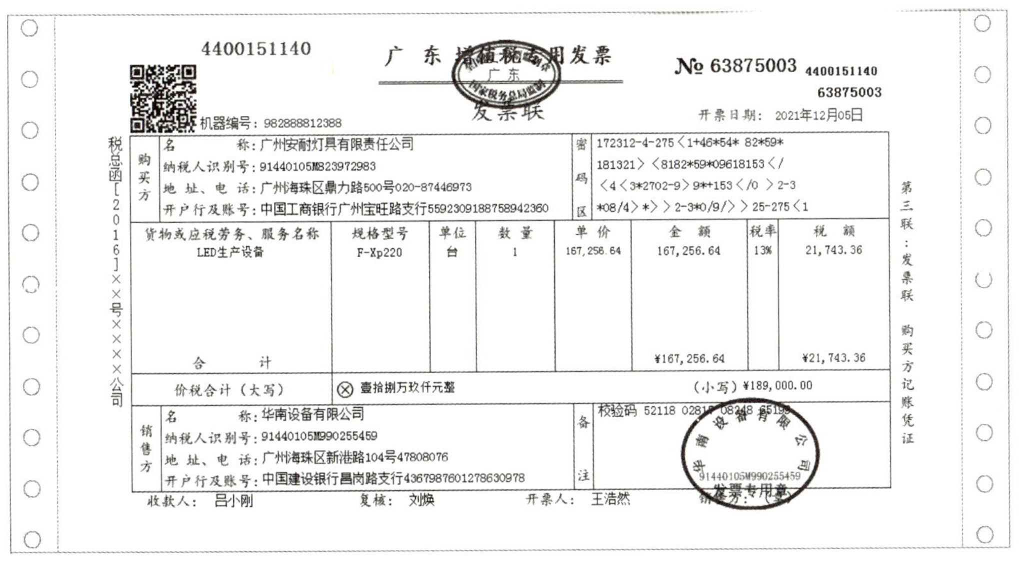

4400151140　广东增值税专用发票　№ 63875003　4400151140
63875003
发票联
机器编号：982888812388　开票日期：2021年12月05日

购买方　名称：广州安耐灯具有限责任公司
纳税人识别号：91440105M823972983
地址、电话：广州海珠区鼎力路500号020-87446973
开户行及账号：中国工商银行广州宝旺路支行5592309188758942360

密码区　172312-4-275＜1+46*54* 82*59*
181321＞＜8182*59*09618153＜/
＜4＜3*2702-9＞9*+153＜/0 ＞2-3
08/4＞＞＞2-3*0/9/＞＞25-275＜1

货物或应税劳务、服务名称	规格型号	单位	数量	单价	金额	税率	税额
LED生产设备	F-Xp220	台	1	167,256.64	167,256.64	13%	21,743.36
合计					¥167,256.64		¥21,743.36
价税合计（大写）	⊗ 壹拾捌万玖仟元整				（小写）¥189,000.00		

销售方　名称：华南设备有限公司
纳税人识别号：91440105M990255459
地址、电话：广州海珠区新港路104号47808076
开户行及账号：中国建设银行昌岗路支行4367987601278630978

备注　校验码 52118 0281[illegible] 08248 6519[illegible]

收款人：吕小刚　复核：刘焕　开票人：王浩然　销售方：（章）

第三联：发票联　购买方记账凭证

［业务 10］12 月 6 日，安耐公司向广州市中华文具有限公司购买了一批办公用复印纸，相关增值税发票见图表 2-1-27。

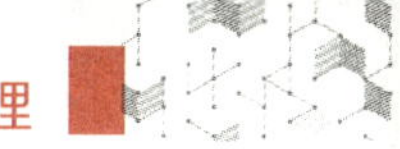

图表 2-1-27　增值税发票

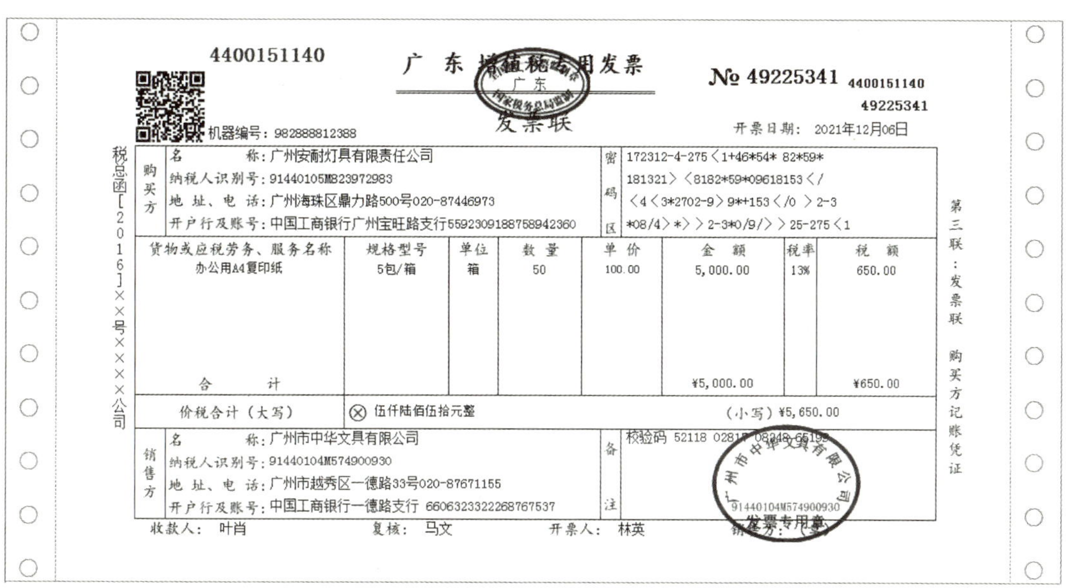
4400151140　广东增值税专用发票　№ 49225341　4400151140　49225341

发票联

机器编号：982888812388　开票日期：2021年12月06日

购买方	名称：广州安耐灯具有限责任公司 纳税人识别号：91440105MB23972983 地址、电话：广州海珠区鼎力路500号020-87446973 开户行及账号：中国工商银行广州宝旺路支行5592309188758942360				密码区	172312-4-275＜1+46*54* 82*59* 181321＞＜8182*59*09618153＜/ ＜4＜3*2702-9＞9*+153＜/0 ＞2-3 *08/4＞*＞＞2-3*0/9/＞＞25-275＜1		
货物或应税劳务、服务名称	规格型号	单位	数量	单价	金额	税率	税额	
办公用A4复印纸	5包/箱	箱	50	100.00	5,000.00	13%	650.00	
合计					¥5,000.00		¥650.00	
价税合计（大写）	⊗伍仟陆佰伍拾元整				（小写）¥5,650.00			
销售方	名称：广州市中华文具有限公司 纳税人识别号：91440104M574900930 地址、电话：广州市越秀区一德路33号020-87671155 开户行及账号：中国工商银行一德路支行 6606323322268767537				备注	校验码 52118 02818 08248 65195		

收款人：叶肖　复核：马文　开票人：林英　销售方：（章）

税总函[2016]××号××××公司

第三联：发票联　购买方记账凭证

要求：安耐公司需要向广州市中华文具有限公司支付货款，根据上述资料填制相应的支票，见图表 2-1-28。

图表 2-1-28　支票

中国工商银行 支票存根 10204410 59057840 附加信息 出票日期　年　月　日 收款人： 金　额： 用　途： 单位主管　会计	中国工商银行 支票　10204410　59057840 出票日期（大写）　年　月　日　付款行名称：中国工商银行广州宝旺路支行 收款人：　出票人账号：5592309188758942360 人民币（大写）　亿 千 百 十 万 千 百 十 元 角 分 用途　密码 6400371490713482 上列款项请从 我账户内支付 出票人签章　复核　记账 付款期限自出票之日起十天

当日购入办公用复印纸后，在各部门进行了分配。相关领用表见图表 2-1-29。

图表 2-1-29　复印纸领用表

部门	数量（箱）	金额（元）	签领人
一车间	12	1 200.00	罗诚
二车间	8	800.00	苏鹏
质检车间	5	500.00	郑自强
在建工程部	4	400.00	黄杰
营销部	6	600.00	向鑫
人事行政部	15	1 500.00	欧柠柠
合计	50	5 000.00	

［业务 11］12 月 8 日，安耐公司员工林逸之报销差旅费。相关差旅费报销单见图表 2-1-30，住宿费发票见图表 2-1-31，往返火车票见图表 2-1-32。林逸之向财务部门退还预借费用 892 元。

图表 2-1-30　差旅费报销单

部门：人事行政部　　　　2021 年 12 月 08 日

出差人				林逸之							出差事由		行业年终会议			
出发				到达				交通工具	交通费		出差补贴		其他费用			
月	日	时	地点	月	日	时	地点		单据张数	金额	天数	金额	项目	单据张数	金额	
12	01		广州南	12	01		长沙南	火车		314.00	3	180.00	住宿费		900.00	
12	03		长沙南	12	03		广州南	火车		314.00			市内车费			
													邮电费			
													办公用品费			
													不买卧铺补贴			
													其他			
合计										¥628.00		¥180.00			¥900.00	
报销总额		人民币（大写）	壹仟柒佰零捌元整						预借金额	¥2 600.00			补领金额			
													退还金额	¥892.00		

附件 3 张

财务主管：冯娟　　审核：李文君　易斌　　出纳：李芳方　　领款人：林逸之

图表 2-1-31　住宿费发票

4300191140　　**湖南增值税普通发票**　　№ 19944138

4300191140
19944138

发票联

机器编号：982888812388　　开票日期：2021年12月04日

购买方	名　　称：广州安耐灯具有限责任公司 纳税人识别号：91440105M823972983 地 址、电 话：广州海珠区鼎力路500号020-87446973 开户行及账号：中国工商银行广州宝旺路支行5592309188758942360	密码区	172312-4-275＜1+46*54* 82*59* 181321＞＜8182*59*09618153＜/ ＜4＜3*2702-9＞9*+153＜/0 ＞2-3 *08/4＞*＞＞2-3*0/9/＞＞25-275＜1

货物或应税劳务、服务名称	规格型号	单位	数量	单价	金额	税率	税额
住宿服务*住宿费 *		日	3	291.26	873.78	3%	26.21
合　计					¥873.78		¥26.21
价税合计（大写）	⊗ 玖佰元整				（小写）¥900.00		

销售方	名　　称：全季酒店（长沙市岳麓大道店） 纳税人识别号：91440106M569145635 地 址、电 话：湖南省长沙市岳麓区岳麓大道206号　0731-88282828 开户行及账号：中国银行长沙岳麓支行 631876423022	备注	校验码 52118 0281[illegible] 08248 65199

收款人：尤乐　　复核：罗文　　开票人：何英　　销售方：（章）

税总函［2016］××号××××公司

第二联：发票联　购买方记账凭证

图表 2-1-32　往返火车票

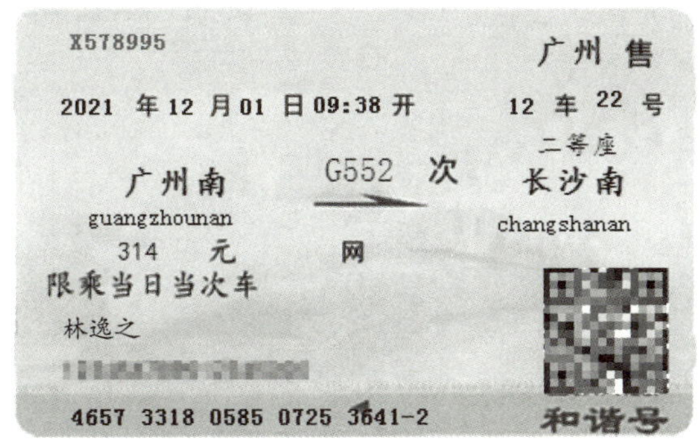

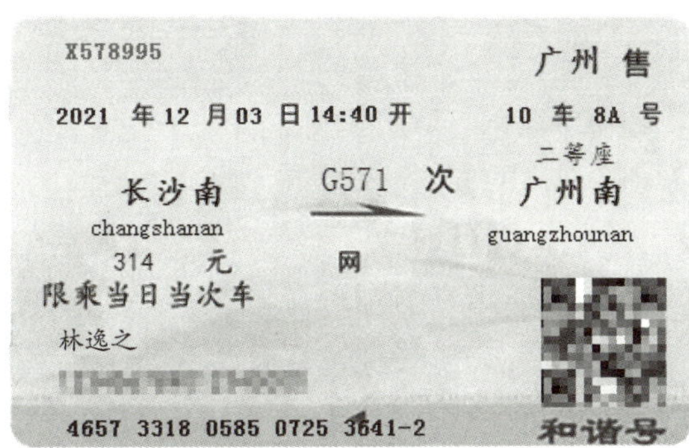

要求：根据上述资料向林逸之开具收款收据，见图表 2-1-33。然后编制记账凭证并进行账务处理。

图表 2-1-33　收款收据

收　款　收　据　　No. 0134244

年　　月　　日

今收到 ______________________

交来 ______________________

金额（大写）______拾______万______仟______佰______拾______元______角______分

¥ ______　　　　收款单位（公章）

核准　　会计　　记账　　出纳　　经办人

第一联　存根

（印章：广州安耐灯具有限责任公司　财务专用章）

［业务 12］ 12 月 7 日，安耐公司收到顺德灯饰有限公司汇来的货款。相关电汇凭证见图表 2-1-34。

图表 2-1-34　电汇凭证

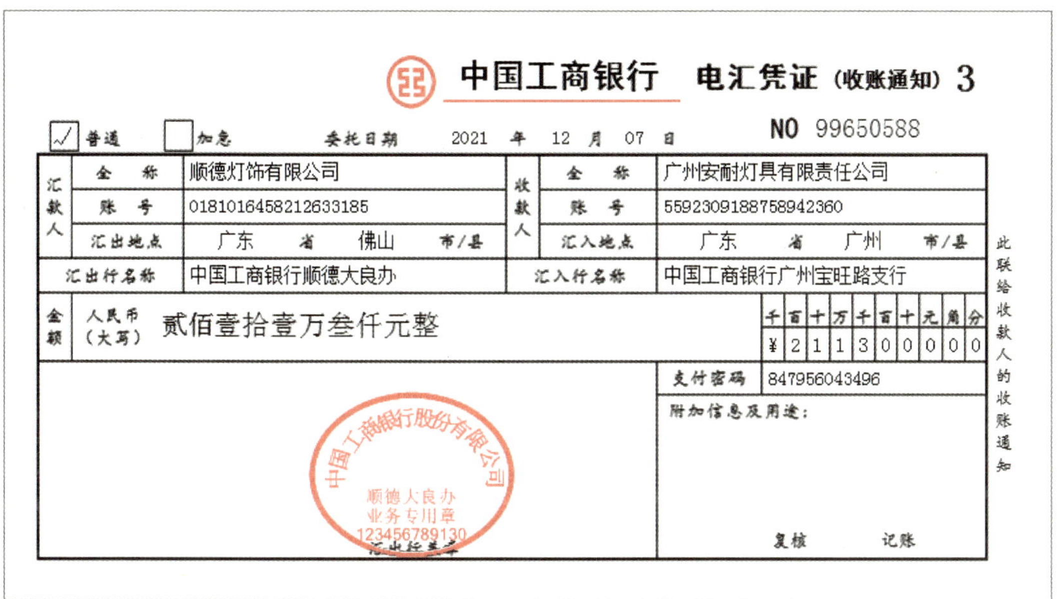

中国工商银行　电汇凭证（收账通知）3

☑普通　☐加急　委托日期 2021 年 12 月 07 日　NO 99650588

汇款人	全称	顺德灯饰有限公司	收款人	全称	广州安耐灯具有限责任公司
	账号	0181016458212633185		账号	5592309188758942360
	汇出地点	广东 省 佛山 市/县		汇入地点	广东 省 广州 市/县
汇出行名称		中国工商银行顺德大良办	汇入行名称		中国工商银行广州宝旺路支行
金额	人民币（大写）	贰佰壹拾壹万叁仟元整		千百十万千百十元角分	¥211300000
				支付密码	847956043496
				附加信息及用途：	
汇出行签章				复核　记账	

中国工商银行股份有限公司 顺德大良办 业务专用章 123456789130

此联给收款人的收账通知

［业务 13］12 月 7 日，安耐公司购买福耀玻璃 A 股股票，为此向中信证券公司指定的投资款专户存入 320 000 元。购买的股票作为交易性金融资产处理。相关买入交割凭证见图表 2-1-35。

图表 2-1-35　买入交割凭证　　金额单位：元

成交日期	2021. 12. 07	证券名称	600660 福耀玻璃
资金账号	306698172020	成交数量	5 000（股）
股东代码	6824883326	成交净价	24. 00
股东姓名	广州安耐灯具有限责任公司	成交金额	120 000. 00
席位代码	21548	实收佣金	240. 00
申请编号	04576	印花税	0. 00
申请时间	13：52：06	过户费	2. 40
成交时间	14：46：33	附加费	0. 00
成交编号	05189	发生金额	-120 242. 40
委托来源	IN	资金余额	199 757. 60
打印日期	2021. 12. 07	股份余额	15 000（股）

要求：安耐公司拟以支票形式支付相关款项，根据上述资料填制支票，见图表 2-1-36。

图表 2-1-36　支票

中国工商银行 支票存根 10204410 60739229	中国工商银行 支票	10204410 60739229
附加信息	出票日期（大写）　年　月　日	付款行名称：中国工商银行广州宝旺路支行
出票日期　年　月　日	收款人：	出票人账号：5592309188758942360
收款人：	人民币（大写）	亿 千 百 十 万 千 百 十 元 角 分
金　额：	用途	密码　7569519300613446
用　途：	上列款项请从我账户内支付 出票人签章	复核　记账
单位主管　会计	付款期限自出票之日起十天	

[业务 14] 12 月 8 日，安耐公司向深圳南方材料厂偿还一笔欠款。相关托收凭证见图表 2-1-37。

图表 2-1-37　托收凭证

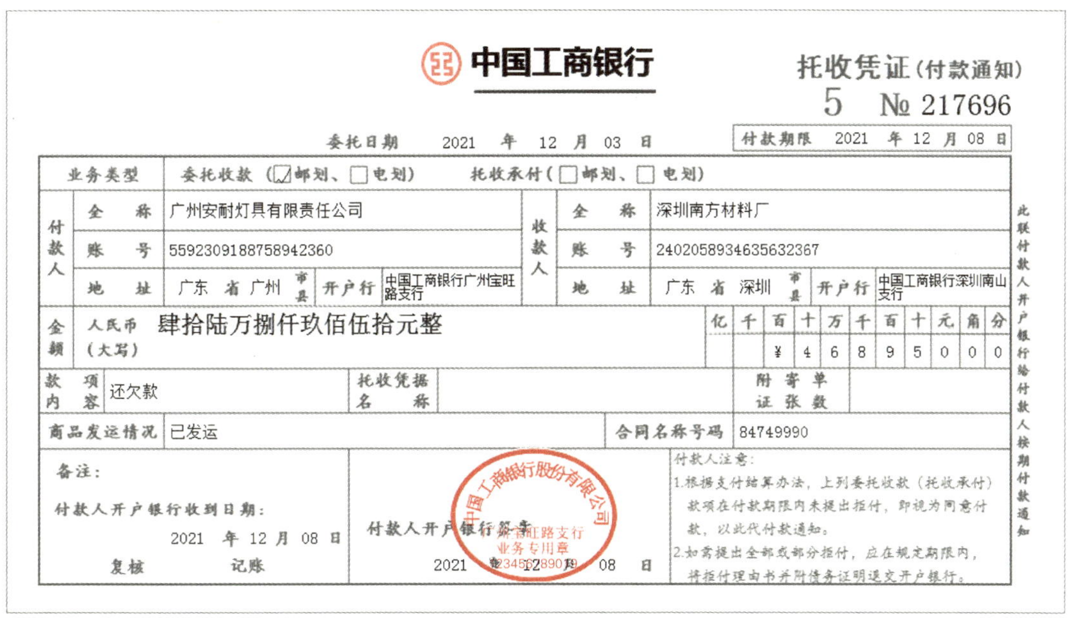

中国工商银行　托收凭证（付款通知）　5　№ 217696

委托日期　2021 年 12 月 03 日　　付款期限　2021 年 12 月 08 日

业务类型	委托收款（☑邮划、□电划）　托收承付（□邮划、□电划）			
付款人 全称	广州安耐灯具有限责任公司	收款人 全称	深圳南方材料厂	
账号	5592309188758942360	账号	2402058934635632367	
地址	广东 省 广州 市/县　开户行 中国工商银行广州宝旺路支行	地址	广东 省 深圳 市/县　开户行 中国工商银行深圳南山支行	
金额 人民币（大写）	肆拾陆万捌仟玖佰伍拾元整		亿 千 百 十 万 千 百 十 元 角 分	¥ 4 6 8 9 5 0 0 0
款项内容	还欠款	托收凭据名称		附寄单证张数
商品发运情况	已发运	合同名称号码	84749990	
备注： 付款人开户银行收到日期： 2021 年 12 月 08 日 复核　记账	付款人开户银行签章 2021 年 12 月 08 日	付款人注意： 1.根据支付结算办法，上列委托收款（托收承付）款项在付款期限内未提出拒付，即视为同意付款，以此代付款通知。 2.如需提出全部或部分拒付，应在规定期限内，将拒付理由书并附债务证明退交开户银行。		

此联付款人开户银行给付款人按期付款通知

（印章：中国工商银行股份有限公司 宝旺路支行 业务专用章）

[业务 15] 12 月 8 日，安耐公司向广州红星建筑材料厂购买一批工程物资，物资购进后交厂房扩建工程使用。相关增值税发票见图表 2-1-38，银行回单见图表 2-1-39。

图表 2-1-38　增值税发票

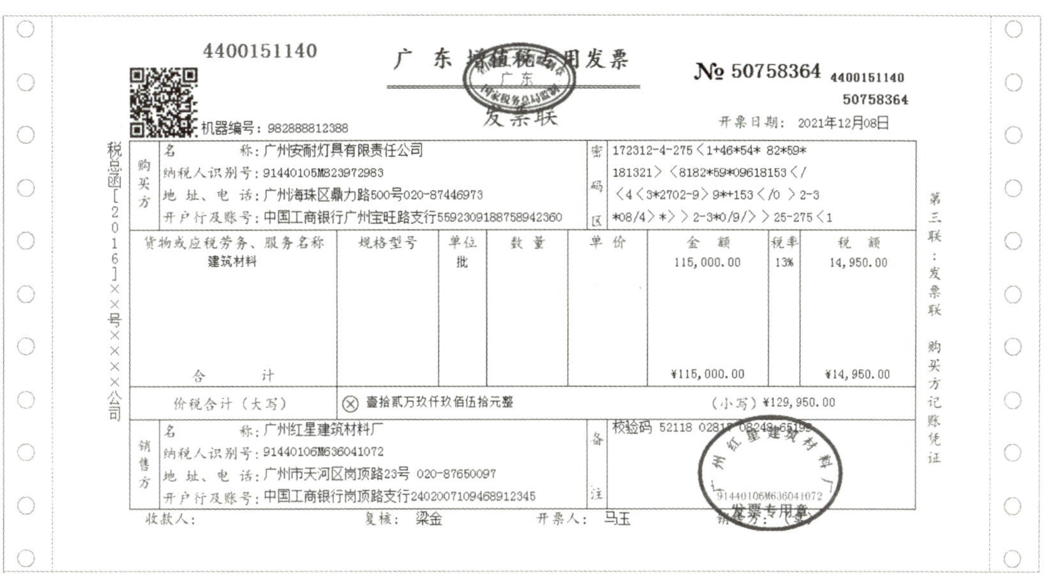

4400151140　　广东增值税专用发票　　№ 50758364　4400151140　50758364

发票联

机器编号：982888812388　　开票日期：2021年12月08日

购买方	名称：广州安耐灯具有限责任公司 纳税人识别号：91440105MB23972983 地址、电话：广州海珠区鼎力路500号020-87446973 开户行及账号：中国工商银行广州宝旺路支行5592309188758942360	密码区	172312-4-275<1+46*54* 82*59* 181321><8182*59*09618153</ <4<3*2702-9>9*+153</0 >2-3 *08/4>*>>2-3*0/9/>>25-275<1

货物或应税劳务、服务名称	规格型号	单位	数量	单价	金额	税率	税额
建筑材料		批			115,000.00	13%	14,950.00
合计					¥115,000.00		¥14,950.00
价税合计（大写）	⊗壹拾贰万玖仟玖佰伍拾元整				（小写）¥129,950.00		

销售方	名称：广州红星建筑材料厂 纳税人识别号：91440106M636041072 地址、电话：广州市天河区岗顶路23号 020-87650097 开户行及账号：中国工商银行岗顶路支行2402007109468912345	备注	校验码 52118 02817 08248 6519

收款人：　　复核：梁金　　开票人：马玉　　销售方：（章）

税总函[2016]××号×××公司

第三联：发票联　购买方记账凭证

图表 2-1-39　银行回单

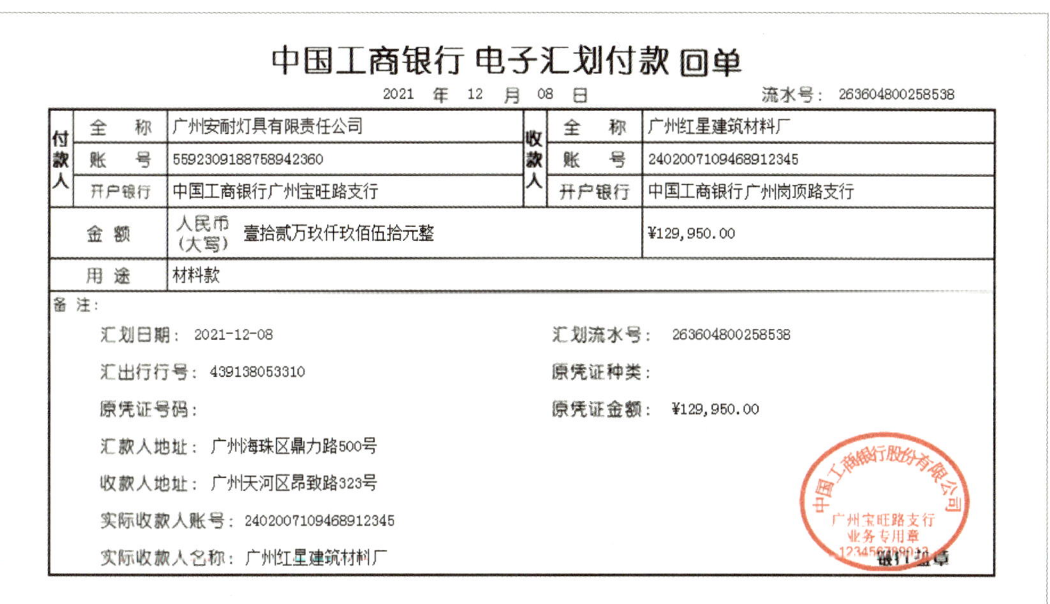

中国工商银行 电子汇划付款 回单

2021 年 12 月 08 日　　流水号：263604800258538

付款人	全称	广州安耐灯具有限责任公司	收款人	全称	广州红星建筑材料厂
	账号	5592309188758942360		账号	2402007109468912345
	开户银行	中国工商银行广州宝旺路支行		开户银行	中国工商银行广州岗顶路支行
金额		人民币（大写）壹拾贰万玖仟玖佰伍拾元整			¥129,950.00
用途		材料款			

备注：

汇划日期：2021-12-08　　汇划流水号：263604800258538

汇出行行号：439138053310　　原凭证种类：

原凭证号码：　　原凭证金额：¥129,950.00

汇款人地址：广州海珠区鼎力路500号

收款人地址：广州天河区昂致路323号

实际收款人账号：2402007109468912345

实际收款人名称：广州红星建筑材料厂

要求：物资送达后，根据上述资料填写收料单（见图表 2-1-40）和领料单（见图表 2-1-41）。

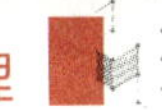

图表 2-1-40　收料单

供应单位：　　　　收料单编号：　　　　金额单位：元

材料类别：　　　　年　　月　　日　　　　收料仓库：

材料编号	名称	规格	单位	数量		实际成本				
				应收	实收	买价		运杂费	其他	合计
						单价	金额			
合计										
备注										

第三联　记账联

仓库主管：　　　　记账：　　　　收料：　　　　制单：

图表 2-1-41　领料单

领料部门：

用途：　　　　年　月　日　　　　编号：

材料编号	材料名称	规格	计量单位	数量		成本	
				请领	实发	单价（元）	金额（元）
合计							

财务主管：　　　　记账：　　　　仓管主管：　　　　领料：　　　　发料：

［业务 16］12 月 9 日，安耐公司以银行存款发放 11 月份工资（直接以银行存款发放 11 月份已计提的工资）。相关工资结算汇总表见图表 2-1-42，委托中国工商银行转账申请表见图表 2-1-43，银行回单见图表 2-1-44。

图表 2-1-42　工资结算汇总表

2021 年 11 月 30 日

单位：元

部门及岗位（人员）		基本工资	岗位津贴	其他各项补贴	奖金	应扣工资					应付工资	代扣款项						实发
						病假	事假	缺勤	旷工	小计		养老保险费	医疗保险费	失业保险费	住房公积金	个人所得税	小计	
												8%	2%	0.20%	12%	—		
办公室		53 000.00	3 600.00	1 600.00	1 600.00	0.00	0.00	0.00	0.00	0.00	59 800.00	4 833.99	1 208.49	120.84	7 251.00	924.41	14 338.73	45 461.27
财务部		35 500.00	2 500.00	1 200.00	900.00	0.00	391.00	0.00	0.00	391.00	39 709.00	3 248.00	812.00	81.20	4 872.00	262.63	9 275.83	30 433.17
人事行政部		20 000.00	1 400.00	600.00	500.00	0.00	0.00	0.00	0.00	0.00	22 500.00	1 822.00	455.50	45.55	2 733.00	225.08	5 281.13	17 218.87
在建工程部		27 000.00	2 000.00	900.00	700.00	0.00	0.00	0.00	0.00	0.00	30 600.00	2 480.00	620.00	62.00	3 720.00	99.54	6 981.54	23 618.46
营销部		22 500.00	1 800.00	900.00	600.00	0.00	0.00	0.00	0.00	0.00	25 800.00	2 094.00	523.50	52.35	3 141.00	104.67	5 915.52	19 884.48
医务室		8 000.00	600.00	300.00	200.00	0.00	0.00	0.00	0.00	0.00	9 100.00	738.00	184.50	18.45	1 107.00	31.56	2 079.51	7 020.49
一车间	生产工人	60 800.00	3 000.00	1 900.00	1 100.00	0.00	0.00	7.00	273.00	280.00	66 520.00	5 401.35	1 350.35	135.05	8 102.00	188.98	15 177.73	51 342.27
	管理人员	9 000.00	800.00	300.00	300.00	0.00	0.00	0.00	0.00	0.00	10 400.00	842.00	210.50	21.05	1 263.00	19.90	2 356.45	8 043.55
二车间	生产工人	34 500.00	1 900.00	1 200.00	700.00	0.00	0.00	54.00	0.00	54.00	38 246.00	3 100.01	775.01	77.51	4 650.00	50.76	8 653.29	29 592.71
	管理人员	9 000.00	800.00	300.00	300.00	0.00	0.00	0.00	0.00	0.00	10 400.00	842.00	210.50	21.05	1 263.00	16.90	2 353.45	8 046.55
机修车间	工人	14 000.00	800.00	500.00	300.00	164.00	0.00	0.00	0.00	164.00	15 436.00	1 262.67	315.67	31.57	1 894.00	17.72	3 521.63	11 914.37
	管理人员	9 000.00	800.00	300.00	300.00	0.00	0.00	0.00	0.00	0.00	10 400.00	842.00	210.50	21.05	1 263.00	31.90	2 368.45	8 031.55
质检车间		15 000.00	1 100.00	600.00	400.00	0.00	0.00	0.00	0.00	0.00	17 100.00	1 386.00	346.50	34.65	2 079.00	16.56	3 862.71	13 237.29
6 个月以上病假人员		8 100.00	0.00	800.00	0.00	0.00	0.00	0.00	0.00	0.00	8 900.00	712.00	178.00	17.80	1 068.00	0.00	1 975.80	6 924.20
合计		325 400.00	21 100.00	11 400.00	7 900.00	164.00	391.00	61.00	273.00	889.00	364 911.00	29 604.02	7 401.02	740.12	44 406.00	1 990.61	84 141.77	280 769.23

图表 2-1-43　委托中国工商银行转账申请表

2021 年 12 月 9 日

<table>
<tr><td rowspan="2">委托单位</td><td>全称</td><td colspan="4">广州安耐灯具有限责任公司</td></tr>
<tr><td>开户银行</td><td>广州宝旺路支行</td><td>账号</td><td colspan="2">5592309188758942360</td></tr>
<tr><td>金额（大写）</td><td colspan="3">贰拾捌万零柒佰陆拾玖元贰角叁分</td><td colspan="2">千 百 十 万 千 百 十 元 角 分
¥ 2 8 0 7 6 9 2 3</td></tr>
<tr><td>用途</td><td>工资</td><td>软盘号</td><td>025324083</td><td>笔数</td><td>5</td></tr>
<tr><td colspan="2">委托单位印鉴：
S21690125400723</td><td colspan="2">开户银行签章：
该业务已提交中国工商银行宝旺路支行
2021.12.09
做后续处理
送盘日期：
经办员：</td><td colspan="2">传输行签章：
软盘数据处理日期：
传输行操作员：</td></tr>
</table>

第一联　委托单位回单

图表 2-1-44　银行回单

中国工商银行　　凭证

业务回单（付款）

日期：2021 年 12 月 09 日　　回单编号：96705247891

付款人户名：广州安耐灯具有限责任公司　　付款人开户行：中国工商银行广州宝旺路支行

付款人账号（卡号）：5592309188758942360

收款人户名：　　收款人开户行：

收款人账号（卡号）：

金额：贰拾捌万零柒佰陆拾玖元贰角叁分　　小写：¥280,769.23 元

业务（产品）种类：　　凭证种类：8075936362　　凭证号码：22079544302777309

摘要：工资　　用途：　　币种：人民币

交易机构：1712456012　　记账柜员：59444　　交易代码：44488　　渠道：

本回单为第　次打印，注意重复　打印日期：2021 年 12 月 09 日　打印柜员：8　验证码：718520740481

［业务 17］12 月 9 日，安耐公司办理贴现业务。相关贴现凭证见图表 2-1-45。

图表 2-1-45　贴现凭证

中国工商银行　贴现凭证（收账通知）　4

申请日期　2021　年　12　月　09　日　　　　第　2　号

贴现汇票	种类	银行承兑汇票	号码	4374	持票人	名称	广州安耐灯具有限责任公司
	出票日	2021 年 09 月 21 日				账号	5592309188758942360
	到期日	2022 年 03 月 21 日				开户银行	中国工商银行广州宝旺路支行
汇票承兑人	名称	中国工商银行广州宝旺路支行	账号	018016458212633185		开户银行	中国工商银行顺德大良办
汇票金额	人民币（大写）	叁万元整					¥3000000
贴现率 每月	4.5 ‰	贴现利息	¥48600			实付贴现金额	¥2951400
上述款项已入你单位账户 银行盖章 2021 年 12 月 09 日						备注：	

此联银行给贴现申请人的收账通知

［业务 18］12 月 9 日，安耐公司以支票形式向广东电视台支付广告费。相关增值税发票见图表 2-1-46。

图表 2-1-46　增值税发票

4400151140　　广东增值税专用发票　　№ 48635564　4400151140　48635564

发票联

机器编号：982888812388　　开票日期：2021年12月09日

购买方	名称：广州安耐灯具有限责任公司 纳税人识别号：91440105MB23972983 地址、电话：广州海珠区鼎力路500号020-87446973 开户行及账号：中国工商银行广州宝旺路支行5592309188758942360	密码区	172312-4-275<1+46*54* 82*59* 181321><8182*59*09618153</ <4<3*2702-9>9*+153</0 >2-3 *08/4>*>>2-3*0/9/>>25-275<1

货物或应税劳务、服务名称	规格型号	单位	数量	单价	金额	税率	税额
广告代理服务*广告费 *			1		60,000.00	6%	3,600.00
合计					¥60,000.00		¥3,600.00
价税合计（大写）	⊗陆万叁仟陆佰元整				（小写）¥63,600.00		

销售方	名称：广东电视台 纳税人识别号：914403001234543367 地址、电话：广州市环市东路333号 020-83324072 开户行及账号：中国工商银行广州环市东路支行 6222007109468954321	备注	校验码 52118 02817 08248 65195

收款人：　　复核：王浩宇　　开票人：郭春　　销售方：（章）

税总函［2016］××号××××公司

第三联：发票联　购买方记账凭证

要求：根据上述资料填写相关付款报告单（见图表 2-1-47），填制支票（见图表 2-1-48）。

图表 2-1-47 付款报告单

部门：　　　　　　　　　　年　　月　　日　　　　　　　　编号：

开支内容	金额（元）	结算方式
		转账支票
合计		
合计：（大写）		

财务主管：　　　　单位负责人：　　　　出纳：　　　　经办人：

图表 2-1-48 支票

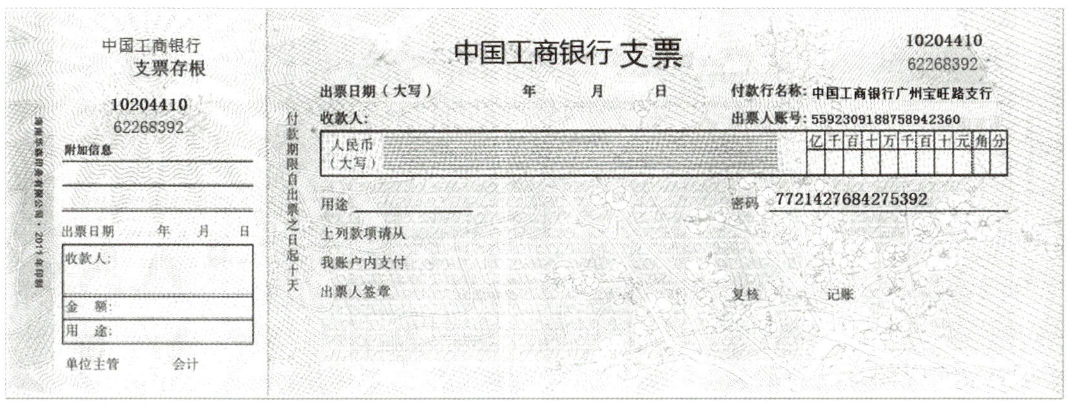

中国工商银行
支票存根
10204410
62268392
附加信息
出票日期　年　月　日
收款人：
金　额：
用　途：
单位主管　会计

中国工商银行 支票　10204410 62268392
出票日期（大写）　年　月　日　付款行名称：中国工商银行广州宝旺路支行
收款人：　出票人账号：5592309188758942360
人民币（大写）　亿 千 百 十 万 千 百 十 元 角 分
付款期限自出票之日起十天
用途　密码 7721427684275392
上列款项请从
我账户内支付
出票人签章　复核　记账

［业务 19］12 月 10 日，安耐公司支付短期借款本息。相关付款通知见图表 2-1-49（短期借款利息已计提）。

图表 2-1-49 计付贷款本金及利息（付款通知）

中国工商银行广州宝旺路支行　　　　　　　　No. 01

账号 5592309188758942360			2021 年 12 月 10 日
借款人单位名称	广州安耐灯具有限责任公司		
借款金额	大写：伍拾万元整（¥500 000.00）	计息总积数	500 000.00
借款期限	2020.12.10—2021.12.10		
行号	利率	利息金额	本息合计
102581000675	5%	25 000.00	¥525 000.00

（银行盖章）

［业务 20］12 月 10 日，安耐公司缴纳上月各项税费。相关缴税付款凭证见图表 2-1-50 和图表 2-1-51，银行记账回执见图表 2-1-52（回执为缴纳企业所得税回单）。

图表 2-1-50　缴税付款凭证 1

中国工商银行　凭证

电子缴税付款凭证

缴税日期：2021 年 12 月 10 日　　凭证字号：20200010

纳税人全称及纳税人识别号：广州安耐灯具有限责任公司　91440105M823972983

付款人全称：广州安耐灯具有限责任公司

付款人账号：5592309188758942360　征收机关名称：

付款人开户行：中国工商银行广州宝旺路支行　收款国库（银行）名称：国家金库广州市中心支库

小写（合计）金额：¥207,454.00 元　缴款书交易流水号：50382987

大写（合计）金额：贰拾万柒仟肆佰伍拾肆元整　税票号码：926021681611183663

税（费）种名称	所属日期		实缴金额（单位：元）
增值税	2021.11.01	2021.11.30	¥207,454.00

第 1 次打印　打印时间：2021 年 12 月 10 日

客户回单联　验证码：754978　复核：肖寒　记账：曹立希

图表 2-1-51　缴税付款凭证 2

中国工商银行　凭证

电子缴税付款凭证

缴税日期：2021 年 12 月 10 日　　凭证字号：20200010

纳税人全称及纳税人识别号：广州安耐灯具有限责任公司　91440105M823972983

付款人全称：广州安耐灯具有限责任公司

付款人账号：5592309188758942360　征收机关名称：

付款人开户行：中国工商银行广州宝旺路支行　收款国库（银行）名称：国家金库广州市中心支库

小写（合计）金额：¥23,943.61 元　缴款书交易流水号：48133652

大写（合计）金额：贰万叁仟玖佰肆拾叁元陆角壹分　税票号码：804528236871914969

税（费）种名称	所属日期		实缴金额（单位：元）
城市维护建设税	2021.11.01	2021.11.30	¥15,367.10
教育费附加	2021.11.01	2021.11.30	¥6,585.90
个人所得税	2021.11.01	2021.11.30	¥1,990.61

第 1 次打印　打印时间：2021 年 12 月 10 日

客户回单联　验证码：754978　复核：肖寒　记账：曹立希

图表 2-1-52 银行记账回执

中国工商银行记账回执

接收机构：162231　　回单编号：20211210000323　　回单类型：人行财税库银

业务名称：实时扣税　　业务分类：　　业务编号：

付款人账号：5592309188758942360　　发报行名：

付款人名称：广州安耐灯具有限责任公司

收报行名：

收款人账号：

收款人名称：待结转财税库行款项

币种：人民币　金额：¥62 951.00

金额大写：人民币陆万贰仟玖佰伍拾壹元整

附言：

摘要：实时扣税

票据日期：　　凭证号码：

交易代号：6432　　借贷标志：借　　复核柜员：　　销账编号：

入账日期：2021 年 12 月 10 日　会计流水：5489　记账柜员：TP0001 记账机构：165432

打印时间：2021 年 12 月 10 日　　打印次数：1（自助打印，重复无效）

［业务 21］12 月 11 日，安耐公司销售人员报销车费。相关增值税发票见图表 2-1-53。

图表 2-1-53 增值税发票

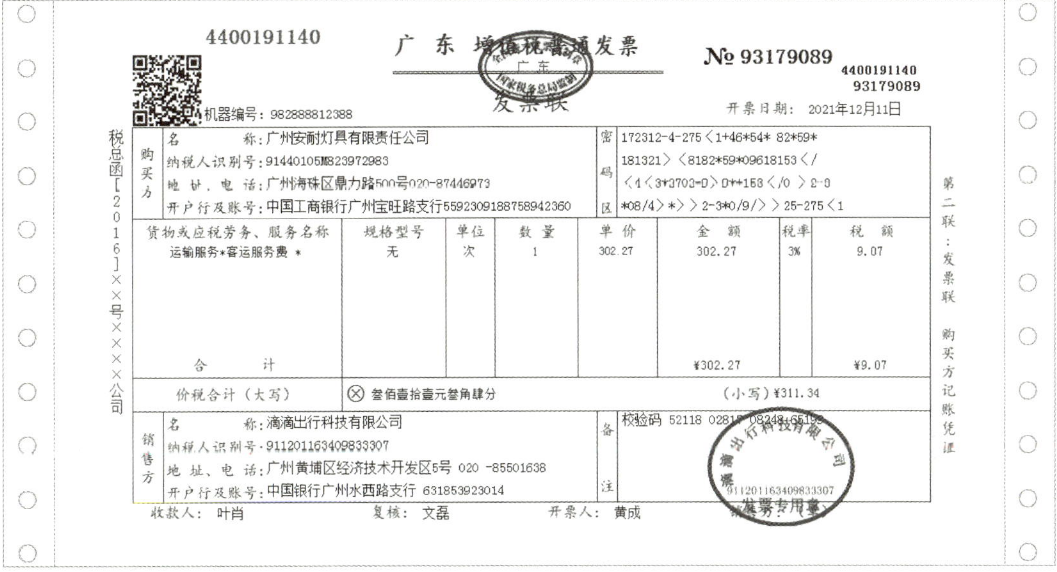

4400191140　　广东增值税普通发票　　№ 93179089　4400191140 93179089

发票联

机器编号：982888812388　　开票日期：2021年12月11日

购买方	名称：广州安耐灯具有限责任公司 纳税人识别号：91440105M823972983 地址、电话：广州海珠区鼎力路500号020-87446973 开户行及账号：中国工商银行广州宝旺路支行5592309188758942360	密码区	172312-4-275〈1+46*54* 82*59* 181321〉〈8182*59*09618153〈/ 〈1〈3*3703-D〉D*+153〈/0 〉2-0 *08/4〉*〉〉2-3*0/9/〉〉25-275〈1

货物或应税劳务、服务名称	规格型号	单位	数量	单价	金额	税率	税额
运输服务*客运服务费 *	无	次	1	302.27	302.27	3%	9.07
合计					¥302.27		¥9.07
价税合计（大写）	⊗叁佰壹拾壹元叁角肆分				（小写）¥311.34		

销售方	名称：滴滴出行科技有限公司 纳税人识别号：911201163409833307 地址、电话：广州黄埔区经济技术开发区5号 020 -85501638 开户行及账号：中国银行广州水西路支行 631853923014	备注	校验码 52118 0281? 08248 6519?

收款人：叶肖　　复核：文磊　　开票人：黄成

税总函〔2016〕××号××××公司

第二联：发票联　购买方记账凭证

要求：根据上述资料填写费用报销单（见图表 2-1-54）。

图表 2-1-54 费用报销单

现金付讫

报销部门： 年 月 日填 单据及附件共____页

<table>
<tr><td>用途</td><td>金额（元）</td><td rowspan="3">备注</td><td colspan="3" rowspan="3"></td></tr>
<tr><td></td><td></td></tr>
<tr><td></td><td></td></tr>
<tr><td></td><td></td><td rowspan="3">部门审核</td><td rowspan="3"></td><td rowspan="3">领导审批</td><td rowspan="3"></td></tr>
<tr><td></td><td></td></tr>
<tr><td>合计</td><td></td></tr>
<tr><td colspan="2">金额大写： 拾 万 仟 佰 拾 元 角 分</td><td colspan="2">原借款： 元</td><td colspan="2">应退余款： 元</td></tr>
</table>

财务主管： 会计： 出纳： 报销人： 领款人：

［业务 22］12 月 11 日，安耐公司以原存入投资款余额购买东方电子 A 股股票，将其指定为以公允价值计量且将其变动计入“其他综合收益”账户。相关买入交割凭证见图表 2-1-55。

图表 2-1-55 买入交割凭证

金额单位：元

成交日期	2021. 12. 11	证券名称	000682 东方电子
资金账号	306698172020	成交数量	20 000（股）
股东代码	6824883326	成交净价	4. 65
股东姓名	广州安耐灯具有限责任公司	成交金额	93 000. 00
席位代码	21548	实收佣金	186. 00
申请编号	18420	印花税	0. 00
申请时间	9：45：08	过户费	1. 86
成交时间	10：16：28	附加费	0. 00
成交编号	25388	发生金额	-93 187. 86
委托来源	IN	资金余额	106 569. 74
打印日期	2021. 12. 11	股份余额	20 000（股）

［业务 23］12 月 12 日，安耐公司对珠海家佳乐商城进行债务重组。相关债务重组协议书如下：

债务重组协议书

甲方：广州安耐灯具有限责任公司

乙方：珠海家佳乐商城

协议内容：甲乙双方就乙方所欠甲方债务一事进行协商，达成以下一致条款：

乙方原欠甲方货款 655 400 元已逾期一年，鉴于乙方情况，甲方同意乙方按如下方案清偿债务。

1. 乙方向甲方提供货币资金 180 000 元。
2. 乙方向甲方提供 LED 灯具 5 000 个，市场售价 100 000 元，增值税税率 13%，成本 80 000 元。
3. 乙方向甲方提供商务汽车 1 台，原值 300 000 元，已提折旧 150 000 元，经评估确认净值 100 000 元。
4. 乙方以上述资产抵债后，甲方放弃对余下款项的追索权。

甲方法定代表人：李文君　（印章：李文君印）
开户行：中国工商银行广州宝旺路支行
账号：5592309188758942360
签约时间：2021 年 12 月 12 日

乙方法定代表人：张仲鹏　（印章：张仲鹏印）
开户行：中国建设银行珠海沙园路支行
账号：463981234567630976
签约时间：2021 年 12 月 12 日

相关增值税发票见图表 2-1-56。公司已对珠海家佳乐商城计提坏账准备 13 108 元，债务重组产生的损失应计入投资收益。

图表 2-1-56　增值税发票

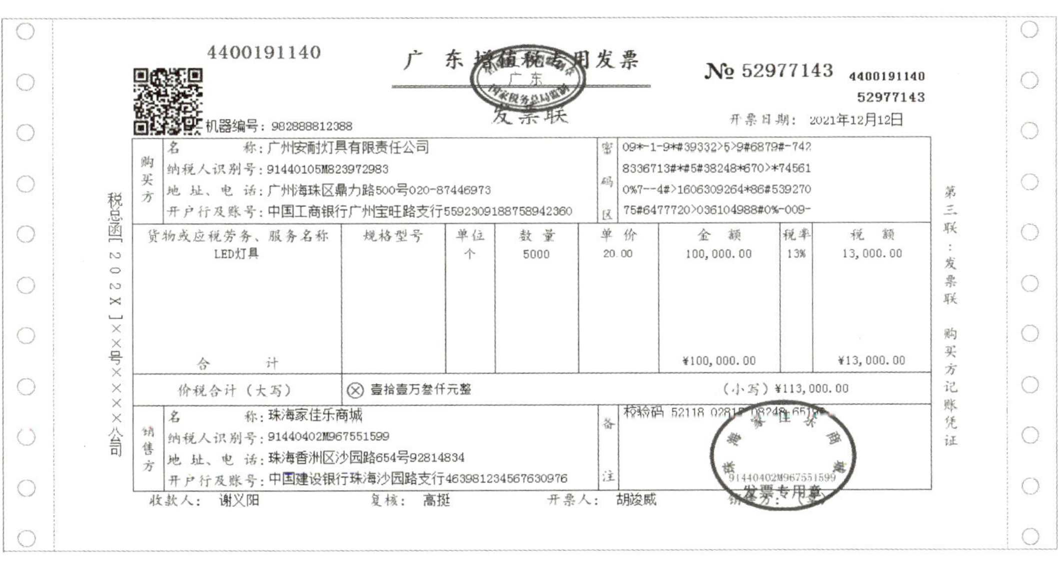

4400191140　　广东增值税专用发票　　№ 52977143　4400191140　52977143

发票联

机器编号：982888812388　　开票日期：2021年12月12日

购买方　名称：广州安耐灯具有限责任公司
纳税人识别号：91440105M823972983
地址、电话：广州海珠区鼎力路500号020-87446973
开户行及账号：中国工商银行广州宝旺路支行5592309188758942360

密码区：09*-1-9*#39332>5>9#6879#-742
8336713#*#5#38248*670>*74561
0%7--4#>1606309264*86#539270
75#6477720>036104988#0%-009-

货物或应税劳务、服务名称	规格型号	单位	数量	单价	金额	税率	税额
LED灯具		个	5000	20.00	100,000.00	13%	13,000.00
合计					¥100,000.00		¥13,000.00
价税合计（大写）	⊗壹拾壹万叁仟元整				（小写）¥113,000.00		

销售方　名称：珠海家佳乐商城
纳税人识别号：91440402M967551599
地址、电话：珠海香洲区沙园路654号92814834
开户行及账号：中国建设银行珠海沙园路支行463981234567630976

备注：校验码 52118 0281[illegible] 08248 651[illegible]

收款人：谢义阳　复核：高挺　开票人：胡浚威　销售方：（章）

税总函[202X]××号×××公司

第三联：发票联　购买方记账凭证

［业务 24］12 月 13 日，安耐公司购买一批原材料并验收入库。相关增值税发票见图表 2-1-57，电汇凭证见图表 2-1-58。

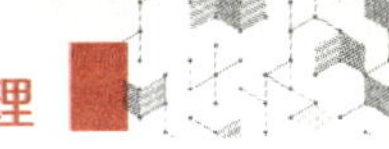

图表 2-1-57 增值税发票

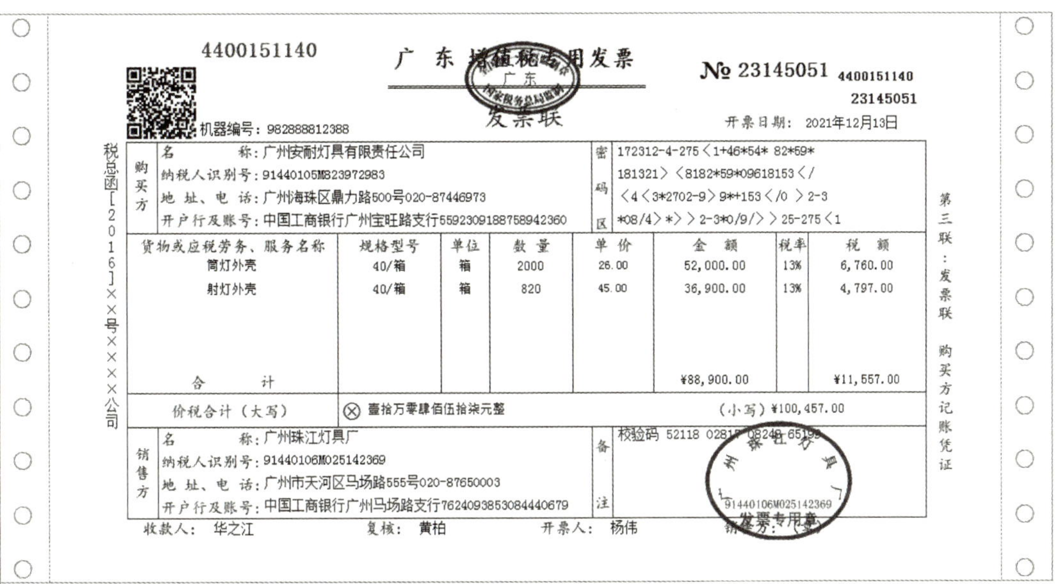

4400151140

广东增值税专用发票

发票联

№ 23145051 4400151140 23145051

机器编号：982888812388

开票日期：2021年12月13日

税总函[2016]××号××××公司

购买方	名 称：广州安耐灯具有限责任公司 纳税人识别号：91440105M823972983 地 址、电 话：广州海珠区鼎力路500号020-87446973 开户行及账号：中国工商银行广州宝旺路支行5592309188758942360	密码区	172312-4-275＜1+46*54* 82*59* 181321＞＜8182*59*09618153＜/ ＜4＜3*2702-9＞9*+153＜/0 ＞2-3 *08/4＞*＞＞2-3*0/9/＞＞25-275＜1

货物或应税劳务、服务名称	规格型号	单位	数量	单价	金额	税率	税额
筒灯外壳	40/箱	箱	2000	26.00	52,000.00	13%	6,760.00
射灯外壳	40/箱	箱	820	45.00	36,900.00	13%	4,797.00
合 计					¥88,900.00		¥11,557.00
价税合计（大写）	⊗ 壹拾万零肆佰伍拾柒元整				（小写）¥100,457.00		

销售方	名 称：广州珠江灯具厂 纳税人识别号：91440106M025142369 地 址、电 话：广州市天河区马场路555号020-87650003 开户行及账号：中国工商银行广州马场路支行7624093853084440679	备注	校验码 52118 02817 08248 65198

收款人：华之江　复核：黄柏　开票人：杨伟　销售方：（章）

第三联：发票联 购买方记账凭证

图表 2-1-58 电汇凭证

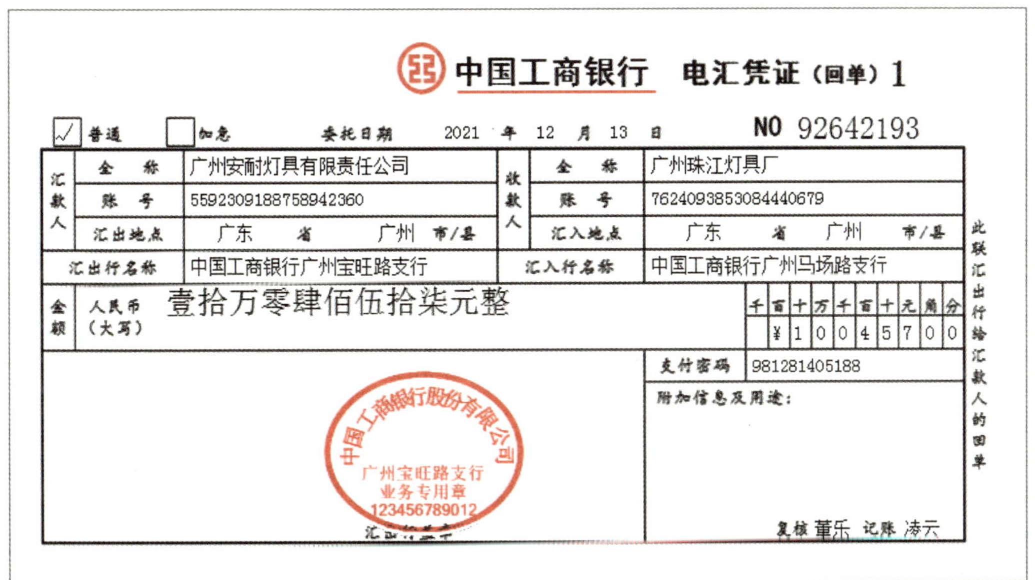

中国工商银行 电汇凭证（回单）1

☑普通 □加急 委托日期 2021 年 12 月 13 日 NO 92642193

汇款人		收款人	
全称	广州安耐灯具有限责任公司	全称	广州珠江灯具厂
账号	5592309188758942360	账号	7624093853084440679
汇出地点	广东 省 广州 市/县	汇入地点	广东 省 广州 市/县
汇出行名称	中国工商银行广州宝旺路支行	汇入行名称	中国工商银行广州马场路支行
金额 人民币（大写）	壹拾万零肆佰伍拾柒元整	千百十万千百十元角分	¥ 1 0 0 4 5 7 0 0
		支付密码	981281405188
		附加信息及用途：	
汇出行签章			复核 董乐 记账 凌云

此联汇出行给汇款人的回单

要求：根据上述资料填写材料入库单（见图表 2-1-59）。

图表 2-1-59 材料入库单

发票号码： 金额单位：元
供应单位： 收料单编号：
收发类别： 年 月 日 收料仓库：

编号	名称	规格	单位	数量		实际成本					计划成本	
				应收	实收	买价		运杂费	其他	合计	单价	金额
						单价	金额					
合计												
备注												

采购员： 检验员： 记账员： 保管员：

［业务 25］ 12 月 13 日，安耐公司收到汕头市华新有限责任公司前欠货款。相关银行进账单见图表 2-1-60。

图表 2-1-60 银行进账单

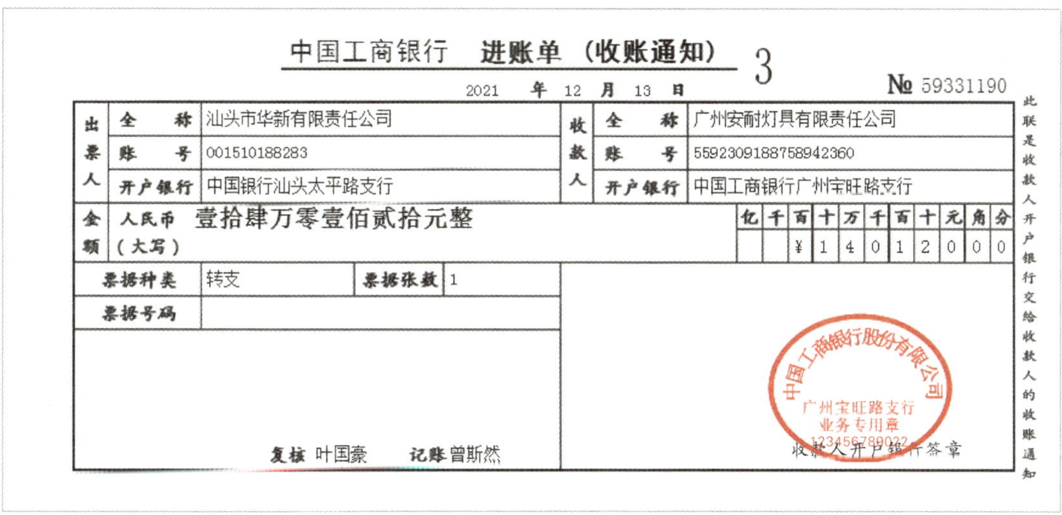

中国工商银行 进账单（收账通知） 3

2021 年 12 月 13 日 № 59331190

出票人			收款人		
	全称	汕头市华新有限责任公司		全称	广州安耐灯具有限责任公司
	账号	001510188283		账号	5592309188758942360
	开户银行	中国银行汕头太平路支行		开户银行	中国工商银行广州宝旺路支行

金额	人民币（大写） 壹拾肆万零壹佰贰拾元整	亿	千	百	十	万	千	百	十	元	角	分
				¥	1	4	0	1	2	0	0	0

票据种类	转支	票据张数	1
票据号码			

复核 叶国豪 记账 曾斯然

中国工商银行股份有限公司 广州宝旺路支行 业务专用章 123456789022

收款人开户银行签章

此联是收款人开户银行交给收款人的收账通知

［业务 26］ 12 月 14 日，安耐公司购入某项非专利技术。相关增值税发票见图表 2-1-61，银行回单见图表 2-1-62。

图表 2-1-61　增值税发票

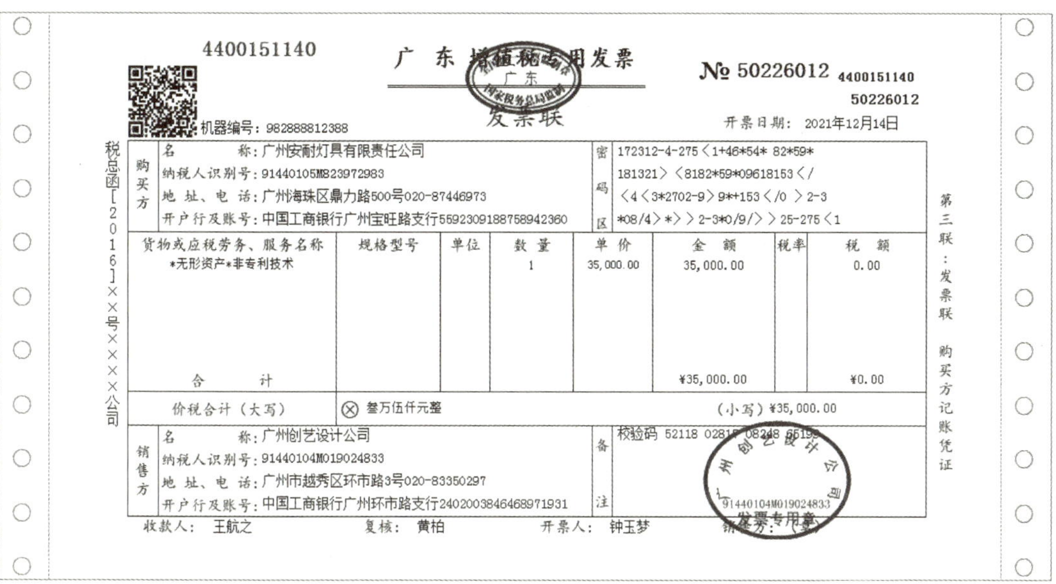

4400151140　　广东增值税专用发票　　№ 50226012　4400151140　50226012

发票联

机器编号：982888812388　　开票日期：2021年12月14日

购买方	名称：广州安耐灯具有限责任公司 纳税人识别号：91440105M823972983 地址、电话：广州海珠区鼎力路500号020-87446973 开户行及账号：中国工商银行广州宝旺路支行5592309188758942360	密码区	172312-4-275＜1+46*54* 82*59* 181321＞＜8182*59*09618153＜/ ＜4＜3*2702-9＞9*+153＜/0 ＞2-3 *08/4＞*＞＞2-3*0/9/＞＞25-275＜1

货物或应税劳务、服务名称	规格型号	单位	数量	单价	金额	税率	税额
*无形资产*非专利技术			1	35,000.00	35,000.00		0.00
合计					¥35,000.00		¥0.00
价税合计（大写）	⊗叁万伍仟元整				（小写）¥35,000.00		

销售方	名称：广州创艺设计公司 纳税人识别号：91440104M019024833 地址、电话：广州市越秀区环市路3号020-83350297 开户行及账号：中国工商银行广州环市路支行2402003846468971931	备注	校验码 52118 02815 08248 65190

收款人：王航之　　复核：黄柏　　开票人：钟玉梦　　销售方：（章）

税总函[2016]××号×××公司

第三联：发票联　购买方记账凭证

图表 2-1-62　银行回单

中国工商银行　　凭证

业务回单（付款）

日期：2021 年 12 月 14 日　　回单编号：75663565263

付款人户名：广州安耐灯具有限责任公司　　付款人开户行：中国工商银行广州宝旺路支行

付款人账号（卡号）：5592309188758942360

收款人户名：广州创艺设计公司　　收款人开户行：中国工商银行广州环市路支行

收款人账号（卡号）：2402003846468971931

金额：叁万伍仟元整　　小写：¥35,000.00 元

业务（产品）种类：　　凭证种类：6060768108　　凭证号码：02937862664318106

摘要：非专利技术　　用途：　　币种：人民币

交易机构：0707188849　　记账柜员：39301　　交易代码：34346　　渠道：其他

（中国工商银行股份有限公司 广州宝旺路支行 业务专用章 123456789023）

本回单为第 1 次打印，注意重复　　打印日期：2021 年 12 月 14 日　　打印柜员：6　　验证码：607103824107

［业务 27］12 月 14 日，安耐公司偿还前欠珠海红树湾材料厂货款。相关付款回单见图表 2-1-63。

图表 2-1-63　付款回单

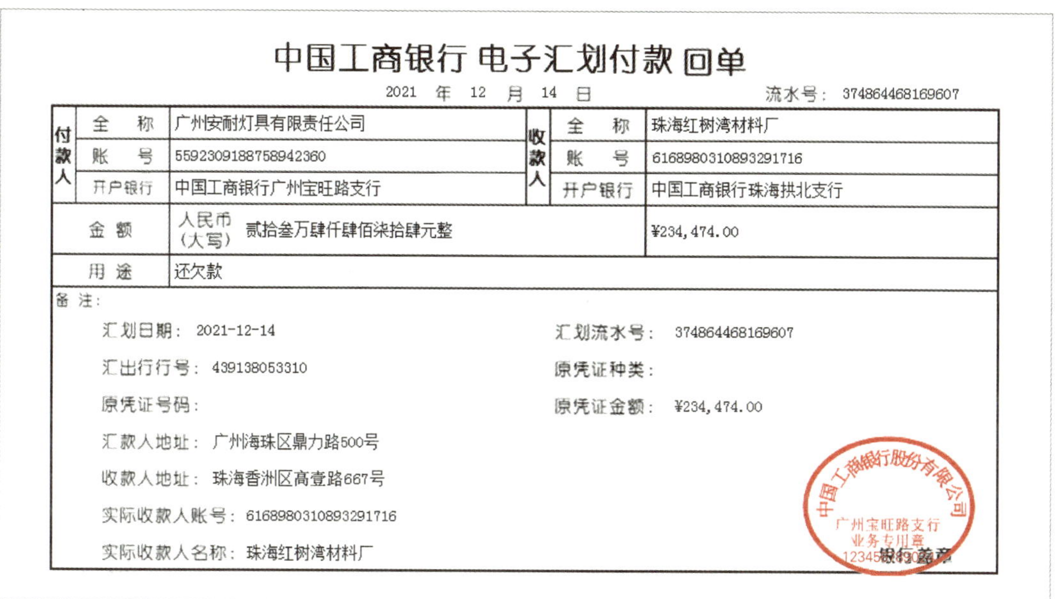

中国工商银行 电子汇划付款 回单

2021 年 12 月 14 日　　　　流水号：374864468169607

付款人	全　称	广州安耐灯具有限责任公司	收款人	全　称	珠海红树湾材料厂
	账　号	5592309188758942360		账　号	6168980310893291716
	开户银行	中国工商银行广州宝旺路支行		开户银行	中国工商银行珠海拱北支行
金　额	人民币（大写）	贰拾叁万肆仟肆佰柒拾肆元整		¥234,474.00	
用　途	还欠款				

备注：

汇划日期：2021-12-14　　　　汇划流水号：374864468169607

汇出行行号：439138053310　　　　原凭证种类：

原凭证号码：　　　　原凭证金额：¥234,474.00

汇款人地址：广州海珠区鼎力路500号

收款人地址：珠海香洲区高壹路667号

实际收款人账号：6168980310893291716

实际收款人名称：珠海红树湾材料厂

银行盖章

［业务 28］12 月 15 日，安耐公司支付行政办公楼电梯维护费。相关增值税发票见图表 2-1-64。

图表 2-1-64　增值税发票

4400151140　　　　广　东　增值税专用发票　　　　№ 58564403　4400151140　58564403

发票联

机器编号：982888812388　　　　开票日期：2021年12月15日

购买方	名　　称：广州安耐灯具有限责任公司 纳税人识别号：91440105M823972983 地 址、电 话：广州海珠区鼎力路500号020-87446973 开户行及账号：中国工商银行广州宝旺路支行5592309188758942360			密码区	172312-4-275 <1+46*54* 82*59* 181321> <8182*59*09618153 </ <4 <3*2702-9> 9*+153 </0 >2-3 *08/4>*> >2-3*0/9/> >25-275 <1		
货物或应税劳务、服务名称	规格型号	单位	数 量	单 价	金 额	税率	税 额
*现代服务*维护费			3	1,200.00	3,600.00	6%	216.00
合　计					¥3,600.00		¥216.00
价税合计（大写）	⊗ 叁仟捌佰壹拾陆元整				（小写）¥3,816.00		
销售方	名　　称：广川三林电梯公司 纳税人识别号：914403001238596254 地 址、电 话：广州市黄埔区香雪路12号 020-87450065 开户行及账号：中国工商银行广州香雪路支行　2402001209468971290			备注	校验码 52118 0281[illegible] 08248 6519[illegible]		

收款人：包天佐　　复核：莫如思　　开票人：林红铃　　销售方：（章）

税总函[2016]××号××××公司

第三联：发票联　购买方记账凭证

要求：根据上述资料填制相关支票（见图表 2-1-65）和付款报告单（见图表 2-1-66）。

图表 2-1-65 支票

中国工商银行
支票存根
10204410
69248609
附加信息
出票日期 年 月 日
收款人:
金 额:
用 途:
单位主管 会计

中国工商银行 支票
10204410
69248609
付款期限自出票之日起十天
出票日期（大写） 年 月 日
付款行名称: 中国工商银行广州宝旺路支行
收款人:
出票人账号: 5592309188758942360
人民币（大写）
亿 千 百 十 万 千 百 十 元 角 分
用途
密码 7420468331832985
上列款项请从
我账户内支付
出票人签章
复核 记账

图表 2-1-66 付款报告单

部门: 年 月 日 编号:

开支内容	金额（元）	结算方式
		转账支票
合计		
合计:（大写）		

财务主管: 单位负责人: 出纳: 经办人:

［业务 29］12 月 15 日，安耐公司以原存入投资款余款购买中国国际航空股份有限公司 2021 年公司债券（第一期）（简称 21 国航 01）。相关买入交割凭证见图表 2-1-67。该债券于 2021 年 1 月 18 日发行，面值 100 元，期限 10 年，按固定利率 5.1%周期性付息，每年付息日为 1 月 18 日。

图表 2-1-67 买入交割凭证 金额单位：元

成交日期	2021.12.15	证券名称	122218 中国国际航空股份有限公司 2021 年公司债券（第一期）
资金账号	306698172020	成交数量	1 000（张）
股东代码	6824883326	成交净价	105.00
股东姓名	广州安耐灯具有限责任公司	成交金额	105 000.00
席位代码	21548	实收佣金	105.00
申请编号	27650	印花税	0.00
申请时间	9:39:12	过户费	0.00
成交时间	10:20:31	附加费	0.00
成交编号	29323	发生金额	-105 105.00
委托来源	IN	资金余额	1 464.74
打印日期	2021.12.15	债券余额	1 000（张）

［业务 30］12 月 16 日，安耐公司支付企业相关税费。相关税收完税证明见图表 2-1-68 和图表 2-1-69。

图表 2-1-68　税收完税证明 1

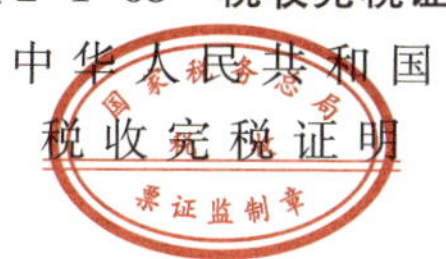

中华人民共和国
税收完税证明

No. D465231789023145619

填发日期：2021 年 12 月 16 日

税务机关：国家税务总局广州市税务局

纳税人识别号	91440105M823972983		纳税人名称	广州安耐灯具有限责任公司	
原凭证号	税种	品目名称	税款所属时期	入（退）库日期	实缴（退）金额
344058181200212123	印花税	营业账簿	2021-11-1 至 2021-11-30	2021-12-16	40.00
金额合计	（大写）人民币 肆拾元整				¥40.00
税务机关（盖章）	填票人：刘行空		备注：		

收据联　交纳税人作完税证明

系统税票号码：453218791230578584　　妥善保管，手写无效

图表 2-1-69　税收完税证明 2

中华人民共和国
税收完税证明

No. D465231789023145062

填发日期：2021 年 12 月 16 日

税务机关：国家税务总局广州市税务局

纳税人识别号	91440105M823972983		纳税人名称	广州安耐灯具有限责任公司	
原凭证号	税种	品目名称	税款所属时期	入（退）库日期	实缴（退）金额
344058181200212703	房产税		2021-11-1 至 2021-11-30	2021-12-16	1 300.00
344058181200212703	车船使用税		2121-11-1 至 2021-11-30	2021-12-16	700.00
金额合计	（大写）人民币 贰仟元整				¥2 000.00
税务机关（盖章）	填票人：刘行空		备注：		

收据联　交纳税人作完税证明

系统税票号码：453218791230571234　　妥善保管，手写无效

［业务 31］12 月 17 日，安耐公司支付汇兑等业务的手续费。相关业务收费凭证见图表 2-1-70。

图表 2-1-70 业务收费凭证

中国工商银行业务收费凭证

币别：人民币　　2021 年 12 月 17 日　　流水号：487677921412113876

付款人 广州安耐灯具有限责任公司			账号 5592309188758942360		
项目名称	工本费	手续费	电子汇划费	其他	金额
委托收款		50.00			
汇兑		120.00			
银行汇票 银行承兑汇票		280.00			
合计		450.00			
金额（大写）	肆佰伍拾元整				
付款方式					

（印章：中国工商银行股份有限公司 广州宝旺路支行支行 业务专用章 123456789090）

会计主管 丘朵拉　　授权 尤华　　复核 刘乔　　记账 李云

［业务 32］12 月 18 日，安耐公司销售一批筒灯、射灯，原已预收部分款项，本次代垫运费 1 090 元。相关销售单见图表 2-1-71，增值税发票（运输费）见图表 2-1-72。

图表 2-1-71 销售单

购货单位：佛山安华灯饰公司　　地址和电话：佛山市禅城区同济路 6 号 0757-23665945　　单据编号：2349

纳税人识别号：914406011006538631　　开户行及账号：中国银行佛山同济路办 014203158875

制单日期：2021 年 12 月 18 日

编码	产品名称	规格	单位	数量	单价（元）	金额（元）	备注
	筒灯	40 个/箱	箱	475	800.00	380 000.00	①原已预收 400 000.00 元 ②货运发票为购货方票据 ③代垫运费 1 090.00 元
	射灯	40 个/箱	箱	250	1 000.00	250 000.00	
	代垫运费						
合计	人民币（大写）：陆拾叁万元整					¥ 630 000.00	

总经理：李文君　　销售经理：徐子轩　　经手人：向鑫　　会计：杨小玲　　签收人：王一

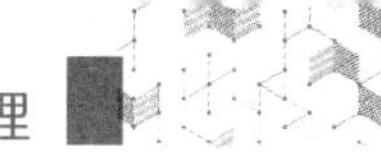

图表 2-1-72 增值税发票（运输费）

4400151140　　广东增值税专用发票　　№ 66208825　4400151140 66208825

抵扣联

机器编号：982888812388　　开票日期：2021年12月18日

购买方	名称：佛山安华灯饰公司 纳税人识别号：914406011006538631 地址、电话：佛山市禅城区同济路6号 0757-23665945 开户行及账号：中国银行佛山同济路办014203158875				密码区	172312-4-275＜1+46*54* 82*59* 181321＞＜8182*59*09618153＜/ ＜4＜3*2702-9＞9*+153＜/0＞2-3 *08/4＞*＞＞2-3*0/9/＞＞25-275＜1	
货物或应税劳务、服务名称	规格型号	单位	数量	单价	金额	税率	税额
运输费					1,000.00	9%	90.00
合计					¥1,000.00		¥90.00
价税合计（大写）	⊗壹仟零玖拾元整				（小写）¥1,090.00		
销售方	名称：广州顺风运输有限公司 纳税人识别号：91440111M343691432 地址、电话：广州市白云区黄石路2号020-88906113 开户行及账号：中国工商银行广州黄石路办0899584671870674608				备注	校验码 52118 02818 08248 65192 运输站：广州—佛山 运输货物：LED灯具 695箱	

收款人：杨小龙　　复核：朱笑玮　　开票人：孙媚　　销售方：（章）

第二联：抵扣联 购买方扣税凭证

税总函[2016]××号×××公司

4400151140　　广东增值税专用发票　　№ 66208825　4400151140 66208825

发票联

机器编号：982888812388　　开票日期：2021年12月18日

购买方	名称：佛山安华灯饰公司 纳税人识别号：914406011006538631 地址、电话：佛山市禅城区同济路6号 0757-23665945 开户行及账号：中国银行佛山同济路办014203158875				密码区	172312-4-275＜1+46*54* 82*59* 181321＞＜8182*59*09618153＜/ ＜4＜3*2702-9＞9*+153＜/0＞2-3 *08/4＞*＞＞2-3*0/9/＞＞25-275＜1	
货物或应税劳务、服务名称	规格型号	单位	数量	单价	金额	税率	税额
运输费					1,000.00	9%	90.00
合计					¥1,000.00		¥90.00
价税合计（大写）	⊗壹仟零玖拾元整				（小写）¥1,090.00		
销售方	名称：广州顺风运输有限公司 纳税人识别号：91440111M343691432 地址、电话：广州市白云区黄石路2号020-88906113 开户行及账号：中国工商银行广州黄石路办0899584671870674608				备注	校验码 52118 02818 08248 65192 运输站：广州—佛山 运输货物：LED灯具 695箱	

收款人：杨小龙　　复核：朱笑玮　　开票人：孙媚　　销售方：（章）

第三联：发票联 购买方记账凭证

税总函[2016]××号×××公司

要求：根据上述资料填制货款部分增值税发票（见图表 2-1-73）、支票（见图表 2-1-74）、预收账款结算单（见图表 2-1-75）和出库单（见图表 2-1-76）。

图表 2-1-73　增值税发票

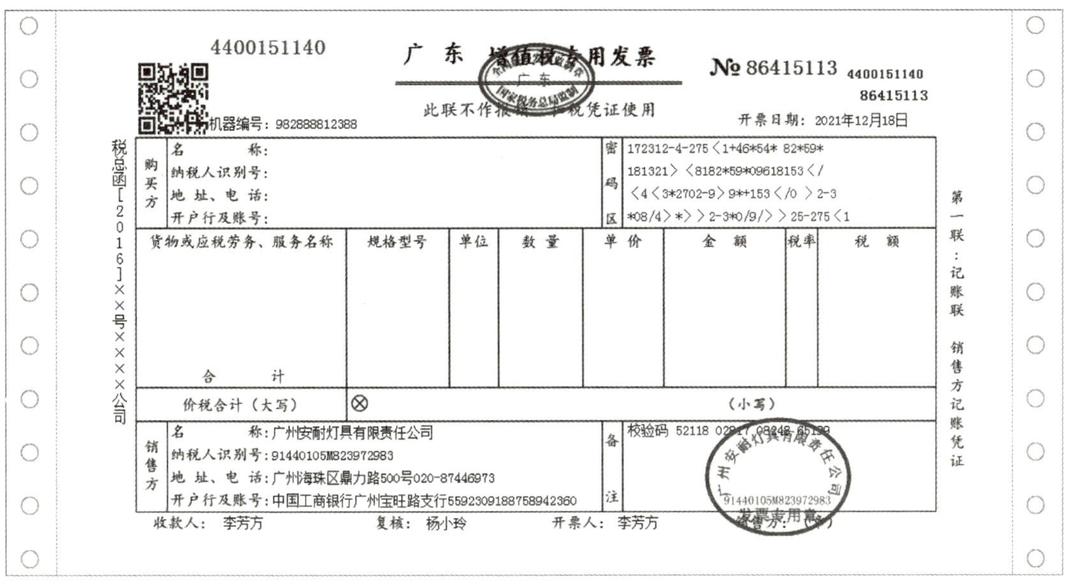

4400151140　广东增值税专用发票　№ 86415113　4400151140 86415113

此联不作报销、扣税凭证使用

机器编号：982888812388　开票日期：2021年12月18日

购买方	名　称： 纳税人识别号： 地址、电话： 开户行及账号：	密码区	172312-4-275<1+46*54*82*59* 181321><8182*59*09618153</ <4<3*2702-9>9*+153</0>2-3 *08/4>*>>2-3*0/9/>>25-275<1

货物或应税劳务、服务名称	规格型号	单位	数量	单价	金额	税率	税额
合　计							
价税合计（大写）	⊗				（小写）		

销售方	名　称：广州安耐灯具有限责任公司 纳税人识别号：91440105M823972983 地址、电话：广州海珠区鼎力路500号020-87446973 开户行及账号：中国工商银行广州宝旺路支行5592309188758942360	备注	校验码 52118 02817 08242 65139

收款人：李芳方　复核：杨小玲　开票人：李芳方　销售方：（章）

税总函[2016]××号×××公司

第一联：记账联　销售方记账凭证

图表 2-1-74　支票

中国工商银行
支票存根
10204410
63509294
附加信息
出票日期　年　月　日
收款人：
金　额：
用　途：
单位主管　会计

中国工商银行 支票　10204410 63509294

出票日期（大写）　年　月　日　付款行名称：中国工商银行广州宝旺路支行

收款人：　出票人账号：5592309188758942360

人民币（大写）	亿	千	百	十	万	千	百	十	元	角	分

用途＿＿＿＿＿＿　密码 7845427823649977

上列款项请从

我账户内支付

出票人签章　复核　记账

付款期限自出票之日起十天

图表 2-1-75　预收账款结算单

年　月　日

购货单位		
原预收金额（元）		
实际结算金额（元）	货款及增值税：¥	代垫运费：¥
应补收金额（元）		

图表 2-1-76　出库单

出货单位：　　日期：　　单号：

提货单位（部门）：　　销售单号：　　发货仓库：　　出库日期：

编码	名称	规格	单位	数量		单价（元）	金额（元）
				应发	实发		
合计	人民币（大写）：						

会计联

部门经理：　　会计：　　仓库：　　经办人：

［业务 33］12 月 19 日，安耐公司转让一台旧设备。相关固定资产转让计算单见图表 2-1-77，内部转账单见图表 2-1-78，银行进账单见图表 2-1-79，增值税发票见图表 2-1-80。本业务按简易办法依照 3%征收率征收增值税，开具增值税专用发票。

图表 2-1-77　固定资产转让计算单

类别：生产设备　　2021 年 12 月 19 日　　No. 01

固定资产名称及编号	规格型号	单位	数量	预计使用年限	已使用年限	原始价值（元）	已提折旧（元）	备注
设备	AD-01	台	1	10	6	200 000	120 000	
固定资产转让原因	不需要使用							
处理意见	使用部门		技术鉴定小组		固定资产管理部门		主管部门审批	
	申请转让		情况属实		同意转让		同意转让	

主管：易斌　　设备管理员：　　制单：欧柠柠

图表 2-1-78　内部转账单

2021 年 12 月 19 日

项目	金额（元）	备注
转让净值	80 000	
转让收入	50 000	
转让净收益（或损失）	30 000	

财务主管：冯娟　　复核：杨小玲　　制单：王静

图表 2-1-79　银行进账单

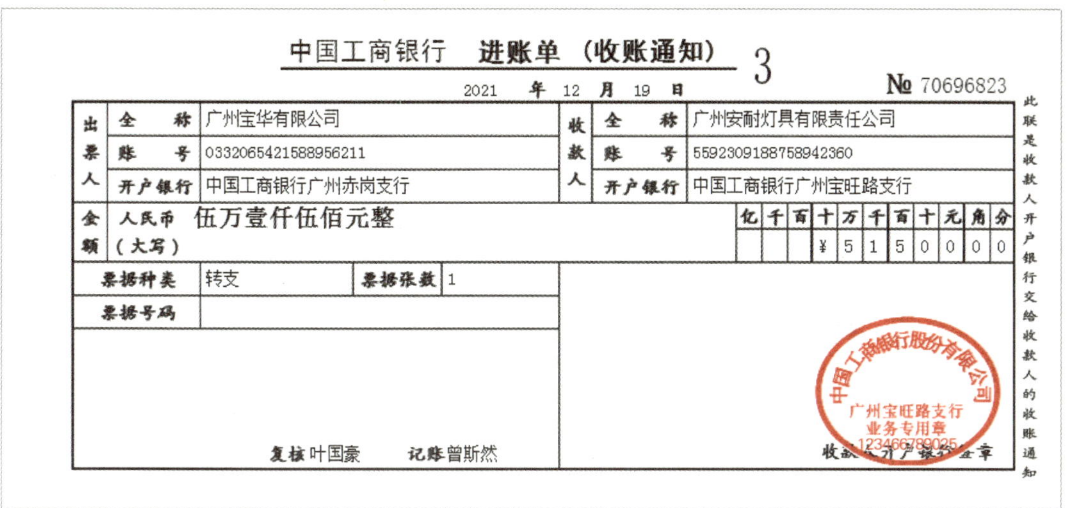

中国工商银行　进账单（收账通知）　3

2021 年 12 月 19 日　　№ 70696823

出票人	全称	广州宝华有限公司	收款人	全称	广州安耐灯具有限责任公司
	账号	0332065421588956211		账号	5592309188758942360
	开户银行	中国工商银行广州赤岗支行		开户银行	中国工商银行广州宝旺路支行
金额	人民币（大写）	伍万壹仟伍佰元整		亿千百十万千百十元角分	¥5150000
票据种类	转支	票据张数	1		
票据号码					

复核 叶国豪　　记账 曾斯然　　收款人开户银行签章

此联是收款人开户银行交给收款人的收账通知

中国工商银行股份有限公司 广州宝旺路支行 业务专用章 1234667890025

图表 2-1-80　增值税发票

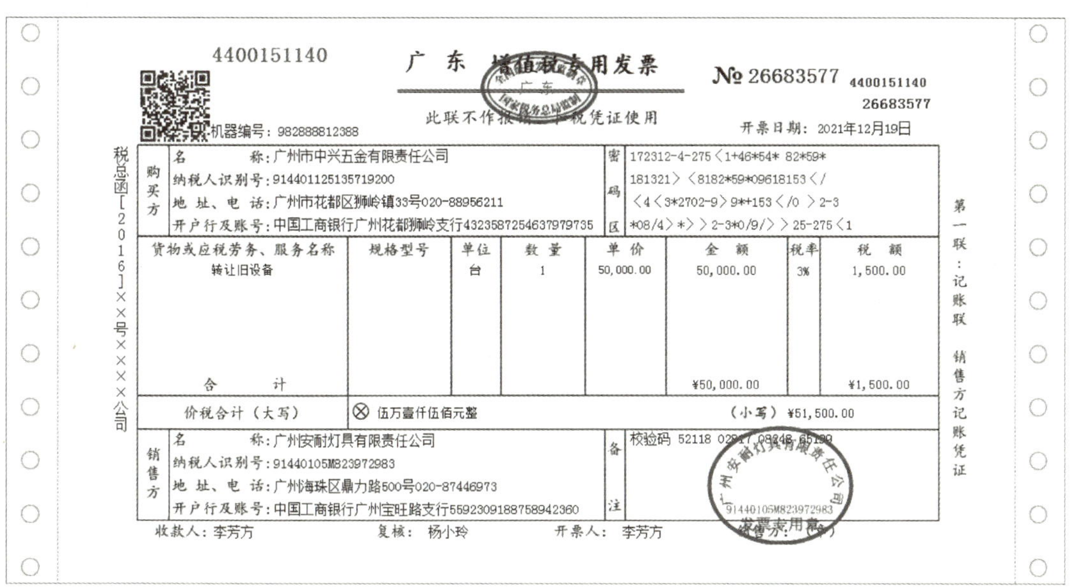

4400151140　　广东增值税专用发票　　№ 26683577　4400151140 26683577

机器编号：982888812388　　此联不作报销、扣税凭证使用　　开票日期：2021年12月19日

购买方	名称：广州市中兴五金有限责任公司 纳税人识别号：914401125135719200 地址、电话：广州市花都区狮岭镇33号020-88956211 开户行及账号：中国工商银行广州花都狮岭支行4323587254637979735	密码区	172312-4-275<1+46*54* 82*59* 181321><8182*59*09618153</ <4<3*2702-9>9*+153</0>2-3 *08/4>*>>2-3*0/9/>>25-275<1

货物或应税劳务、服务名称	规格型号	单位	数量	单价	金额	税率	税额
转让旧设备		台	1	50,000.00	50,000.00	3%	1,500.00
合　计					¥50,000.00		¥1,500.00
价税合计（大写）	⊗伍万壹仟伍佰元整				（小写）¥51,500.00		

销售方	名称：广州安耐灯具有限责任公司 纳税人识别号：91440105M823972983 地址、电话：广州海珠区鼎力路500号020-87446973 开户行及账号：中国工商银行广州宝旺路支行5592309188758942360	备注	校验码 52118 02017 08248 65190

收款人：李芳方　　复核：杨小玲　　开票人：李芳方　　销售方：（章）

税总函[2016]××号×××公司

第一联：记账联　销售方记账凭证

广州安耐灯具有限责任公司 91440105M823972983 发票专用章

［业务 34］12 月 20 日，安耐公司购买纸盒及宣传小报。相关增值税发票见图表 2-1-81，网银回单见图表 2-1-82。

图表 2-1-81 增值税发票

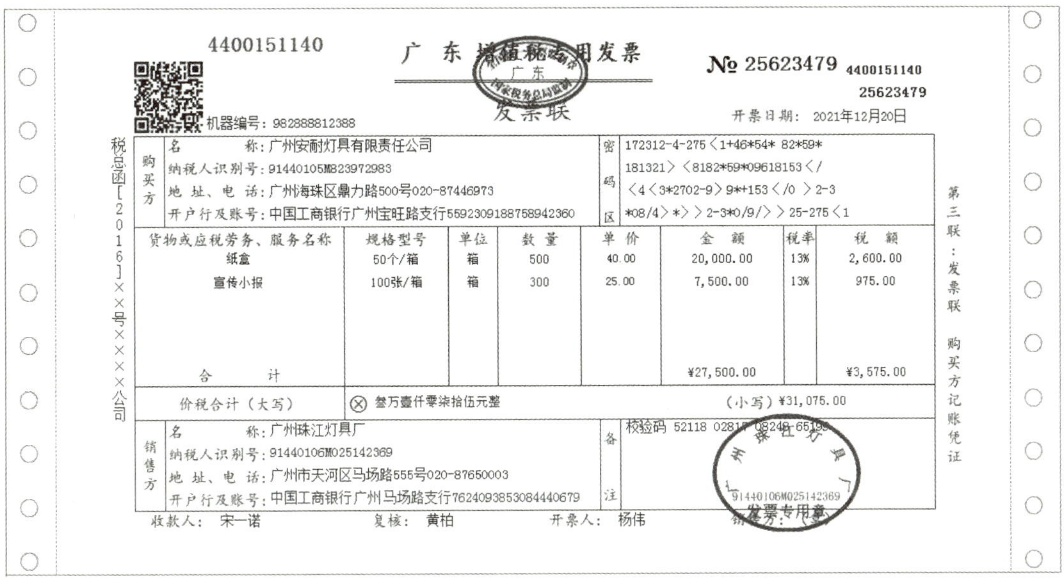

4400151140　　广东增值税专用发票　　№ 25623479　4400151140　25623479

发票联

机器编号：982888812388　　开票日期：2021年12月20日

购买方	名　　称：广州安耐灯具有限责任公司 纳税人识别号：91440105M823972983 地 址、电 话：广州海珠区鼎力路500号020-87446973 开户行及账号：中国工商银行广州宝旺路支行5592309188758942360
密码区	172312-4-275＜1+46*54* 82*59* 181321＞＜8182*59*09618153＜/ ＜4＜3*2702-9＞9*+153＜/0 ＞2-3 *08/4＞*＞＞2-3*0/9/＞＞25-275＜1

货物或应税劳务、服务名称	规格型号	单位	数量	单价	金额	税率	税额
纸盒	50个/箱	箱	500	40.00	20,000.00	13%	2,600.00
宣传小报	100张/箱	箱	300	25.00	7,500.00	13%	975.00
合　　计					¥27,500.00		¥3,575.00
价税合计（大写）	⊗叁万壹仟零柒拾伍元整				（小写）¥31,075.00		

销售方	名　　称：广州珠江灯具厂 纳税人识别号：91440106M025142369 地 址、电 话：广州市天河区马场路555号020-87650003 开户行及账号：中国工商银行广州马场路支行7624093853084440679
备注	校验码 52118 02817 08248 65195

收款人：宋一诺　　复核：黄柏　　开票人：杨伟　　销售方：（章）

税总函［2016］××号××××公司

第三联：发票联　购买方记账凭证

图表 2-1-82 网银回单

付款凭证

中国工商银行　网银回单

日期：2021 年 12 月 20 日　回单编号：1328

付款人户名：广州安耐灯具有限责任公司　　付款人开户行：中国工商银行广州宝旺路支行

付款人账号（卡号）：5592309188758942360

收款人户名：广州珠江灯具厂　　收款人开户行：中国工商银行广州马场路支行

收款人账号（卡号）：7624093853084440679

金额：人民币叁万壹仟零柒拾伍元整　　小写：¥ 31 075.00

业务（产品）种类：　　凭证种类：　　凭证号码：

摘要：购料　　用途：　　币种：人民币

交易机构：　　记账柜员：　　交易代码：　　渠道：其他

附言：

支付交易序号：

报文种类：　　委托日期：　　业务种类：

本回单为第 1 次打印，注意重复　　打印日期：2021. 12. 20　　打印柜员：4　　验证码：

［业务 35］12 月 20 日，安耐公司向希望工程捐款。相关捐款票据见图表 2-1-83。

图表 2-1-83 捐款票据

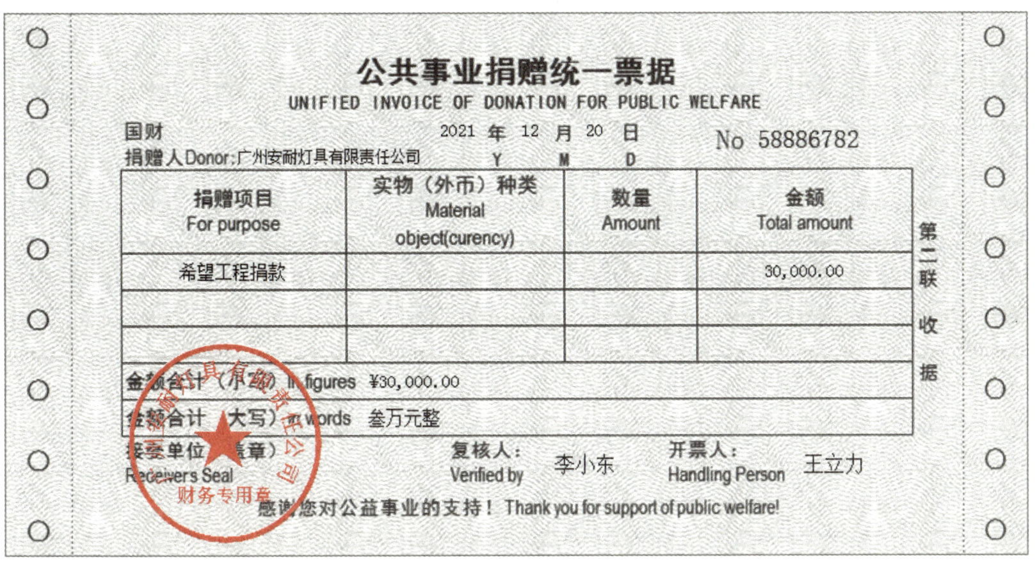

公共事业捐赠统一票据

UNIFIED INVOICE OF DONATION FOR PUBLIC WELFARE

国财 2021 年 12 月 20 日 No 58886782

捐赠人Donor：广州安耐灯具有限责任公司

捐赠项目 For purpose	实物（外币）种类 Material object(curency)	数量 Amount	金额 Total amount
希望工程捐款			30,000.00
金额合计（小写）In figures ¥30,000.00			
金额合计（大写）In words 叁万元整			

接受单位（盖章） Receivers Seal　复核人：Verified by 李小东　开票人：Handling Person 王立力

感谢您对公益事业的支持！ Thank you for support of public welfare!

第二联 收据

要求：根据上述资料填写付款报告单（见图表 2-1-84），填制支票（见图表 2-1-85）。

图表 2-1-84 付款报告单

部门：　　年　月　日　　编号：

开支内容	金额（元）	结算方式
		转账支票
合计		
合计：（大写）		

财务主管：　单位负责人：　出纳：　经办人：

图表 2-1-85 支票

中国工商银行 支票存根

10204410 11694616

附加信息

出票日期 年 月 日

收款人：

金 额：

用 途：

单位主管 会计

中国工商银行 支票

10204410 11694616

出票日期（大写） 年 月 日　付款行名称：中国工商银行广州宝旺路支行

收款人：　出票人账号：5592309188758942360

人民币（大写）　亿 千 百 十 万 千 百 十 元 角 分

付款期限自出票之日起十天

用途　密码 7937543560170744

上列款项请从

我账户内支付

出票人签章　复核　记账

［业务 36］12 月 21 日，安耐公司提取现金 6 000 元备用。据此填制相应支票，见图表 2-1-86。

图表 2-1-86　支票

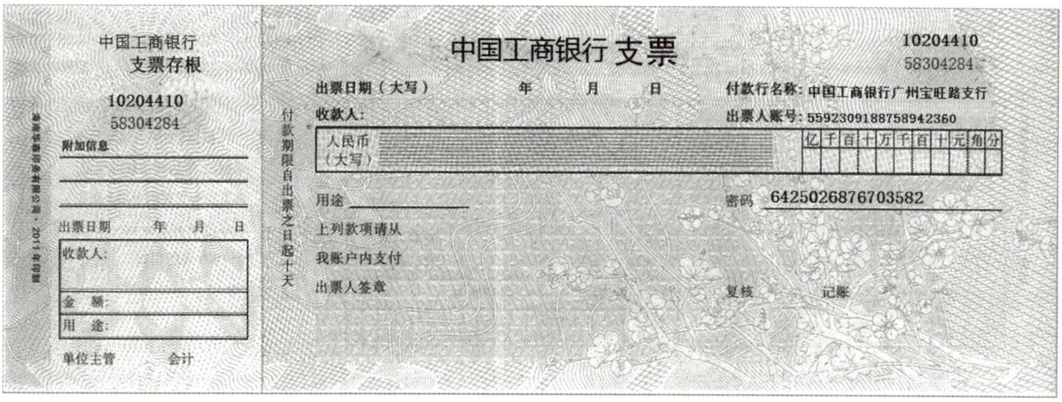

中国工商银行
支票存根
10204410
58304284
附加信息
出票日期　年　月　日
收款人：
金　额：
用　途：
单位主管　会计

中国工商银行 支票　10204410　58304284
出票日期（大写）　年　月　日　付款行名称：中国工商银行广州宝旺路支行
收款人：　出票人账号：5592309188758942360
人民币（大写）　亿 千 百 十 万 千 百 十 元 角 分
付款期限自出票之日起十天
用途　密码 6425026876703582
上列款项请从
我账户内支付
出票人签章　复核　记账

［业务 37］12 月 21 日，安耐公司向职工支付生活困难补助费。相关职工补助审批表见图表 2-1-87。

图表 2-1-87　职工补助审批表

领款人：营销部向鑫　　　　日期：2021 年 12 月 21 日

款项内容	生活困难补助		
付款金额（大写）	叁仟元整	金额（小写）	¥ 3 000.00
领导审批	李文君	财务审批	冯娟
		领款人签名	向鑫

现金付讫

［业务 38］12 月 21 日，安耐公司员工向鑫预支差旅费 3 000 元（现金）。据以填写借款单（见图表 2-1-88）。

图表 2-1-88　借款单

年　月　日

资金性质：________

部门		
借款理由		
借款金额	人民币（大写）________	¥________
领导批示		财务主管

部门主管：　　　出纳：　　　领款人：

［业务 39］ 12 月 21 日，安耐公司清查发现已无法偿还的欠款，财务部门申请将该款项转作营业外收入。相关申请如下：

申请

经查发现，供货商湖北冠华材料厂已注销，所欠其货款 30 000.00 元（大写：叁万元整）无法支付，特申请转作营业外收入。

申请人：冯娟
2021 年 12 月 21 日
同意
李文君
2021 年 12 月 21 日

［业务 40］ 12 月 22 日，安耐公司于 12 月 20 日购买的纸盒及宣传小报等物品验收入库（见业务 34）。据以填写收料单（见图表 2-1-89）。

图表 2-1-89　收料单

供应单位：　　　　收料单编号：　　　　金额单位：元
材料类别：　　　　年　　月　　日　　　　收料仓库：

材料编号	名称	规格	单位	数量		实际成本				
				应收	实收	买价		运杂费	其他	合计
						单价	金额			
合计										
备注										

第三联　记账联

仓库主管：　　　　记账：　　　　收料：　　　　制单：

［业务 41］ 12 月 23 日，安耐公司为人事行政部欧柠柠报销业务学习培训费。相关增值税发票见图表 2-1-90。

图表 2-1-90　增值税发票

税总函[2016]××号××××公司

4400191140　　广东增值税普通发票　　№ 31382778　　4400191140 31382778

发票联

机器编号：982888812388　　开票日期：2021年12月23日

购买方	名　　称：广州安耐灯具有限责任公司 纳税人识别号：91440105M823972983 地址、电话：广州海珠区鼎力路500号020-87446973 开户行及账号：中国工商银行广州宝旺路支行5592309188758942360			密码区	172312-4-275＜1+46*54* 82*59* 181321＞＜8182*59*09618153＜/ ＜4＜3*2702-9＞9*+153＜/0 ＞2-3 *08/4＞*＞＞2-3*0/9/＞＞25-275＜1		
货物或应税劳务、服务名称	规格型号	单位	数量	单价	金额	税率	税额
学习培训费			1	1,500.00	1,500.00	3%	45.00
合　　计					¥1,500.00		¥45.00
价税合计（大写）	⊗壹仟伍佰肆拾伍元整				（小写）¥1,545.00		
销售方	名　　称：广州创新教育培训有限公司 纳税人识别号：91440105M576727670 地址、电话：广州市海珠区昌岗东路13号020 -85257788 开户行及账号：中国工商银行广州昌岗东路支行2020756050559624085			备注	校验码 52118 02818 08248 65199		

收款人：梁海　　复核：马玉　　开票人：林以修　　销售方：（章）

第二联：发票联　购买方记账凭证

要求：根据上述资料填写费用报销单（见图表 2-1-91）。

图表 2-1-91　费用报销单

现金付讫

报销部门：　　　　年　　月　　日填　　　　单据及附件共____页

用途	金额（元）	备注			
		部门审核		领导审批	
合计					
金额大写：　拾　万　仟　佰　拾　元　角　分		原借款：　元		应退余款：　元	

财务主管：　　会计：　　出纳：　　报销人：　　领款人：

［业务 42］12 月 23 日，安耐公司转让专利权一项。相关无形资产转让拨出单见图表 2-1-92，银行进账单见图表 2-1-93。

图表 2-1-92　无形资产转让拨出单

2021 年 12 月 23 日　　　　金额单位：元

受让单位：珠海市飞达有限公司

转让单位：广州安耐灯具有限责任公司

名称	单位	数量	原值	已摊销额	账面净值	评估确认价值
专利权	项	1	180 000.00	130 000.00	50 000.00	90 000.00
合计			180 000.00	130 000.00	50 000.00	90 000.00

转出单位主管：　　　　制单：白雪华

图表 2-1-93　银行进账单

中国工商银行　进账单（收账通知）　3

2021 年 12 月 23 日　　№ 84847167

出票人	全　称	珠海市飞达有限公司	收款人	全　称	广州安耐灯具有限责任公司
	账　号	112360212345		账　号	5592309188758942360
	开户银行	中国银行珠海安宁路办		开户银行	中国工商银行广州宝旺路支行
金额	人民币（大写）	玖万伍仟肆佰元整		亿千百十万千百十元角分	¥ 9 5 4 0 0 0 0
票据种类	转支	票据张数	1		
票据号码					

复核 叶国豪　　记账 曾斯然　　收款人开户银行签章

（印章：中国工商银行股份有限公司 广州宝旺路支行 业务专用章 123456789026）

此联是收款人开户银行交给收款人的收账通知

要求：根据上述资料填制相关增值税发票（转让无形资产的增值税税率为 6%），见图表 2-1-94。

图表 2-1-94　增值税发票

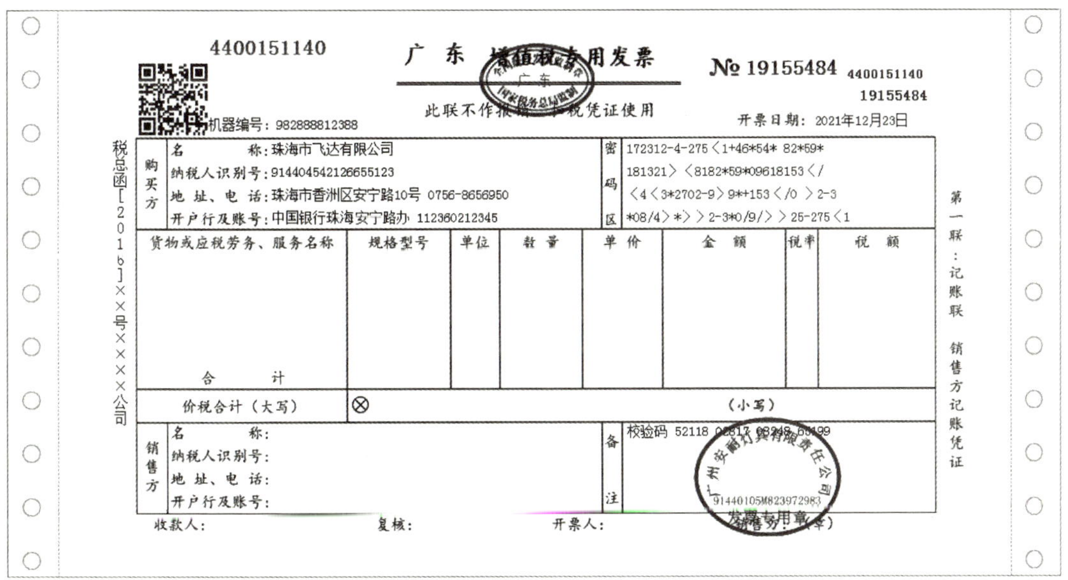

4400151140　　广东增值税专用发票　　№ 19155484　4400151140 19155484

此联不作报销、扣税凭证使用

机器编号：982888812388　　开票日期：2021年12月23日

购买方	名　　称：珠海市飞达有限公司 纳税人识别号：914404542126655123 地 址、电 话：珠海市香洲区安宁路10号 0756-8656950 开户行及账号：中国银行珠海安宁路办 112360212345	密码区	172312-4-275＜1+46*54* 82*59* 181321＞＜8182*59*09618153＜/ ＜4＜3*2702-9＞9*+153＜/0 ＞2-3 *08/4＞*＞＞2-3*0/9/＞＞25-275＜1	

货物或应税劳务、服务名称	规格型号	单位	数量	单价	金额	税率	税额
合　计							
价税合计（大写）	⊗			（小写）			

销售方	名　　称： 纳税人识别号： 地 址、电 话： 开户行及账号：	备注	校验码 52118 06817 08248 58499

收款人：　　复核：　　开票人：　　销售方：（章）

（印章：广州安耐灯具有限责任公司 91440105M823972983 发票专用章）

税总函[2016]××号×××公司　　第一联：记账联　销售方记账凭证

［业务 43］12 月 23 日，安耐公司出售部分长期股权。相关卖出交割凭证见图表 2-1-95，银行进账单见图表 2-1-96。

图表 2-1-95　卖出交割凭证

金额单位：元

成交日期	2021. 12. 23	证券名称	300736 百邦科技
资金账号	306698172020	成交数量	50 000（股）
股东代码	6824883326	成交价格	8. 00
股东姓名	广州安耐灯具有限责任公司	成交金额	400 000. 00
席位代码	21548	实收佣金	800. 00
申请编号	69833	印花税	400. 00
申请时间	9：22：09	过户费	8. 00
成交时间	10：06：42	附加费	0. 00
成交编号	71870	发生金额	398 792. 00
委托来源	IN	资金余额	400 256. 74
打印日期	2021. 12. 23	股份余额	86 000（股）

图表 2-1-96　银行进账单

中国工商银行　进账单（收账通知）　3

2021 年 12 月 23 日　№ 36432550

出票人 全称	广州安耐灯具有限责任公司证券户	收款人 全称	广州安耐灯具有限责任公司
账号	0001023156320001234	账号	5592309188758942360
开户银行	中国工商银行广州天河支行	开户银行	中国工商银行广州宝旺路支行

金额 人民币（大写）	叁拾玖万捌仟柒佰玖拾贰元整	亿	千	百	十	万	千	百	十	元	角	分
				¥	3	9	8	7	9	2	0	0

票据种类	转支	票据张数	1
票据号码			

复核 叶国豪　记账 曾斯然

中国工商银行股份有限公司 广州宝旺路支行 业务专用章

收款人开户银行签章

此联是收款人开户银行交给收款人的收账通知

要求：根据上述资料填写相关处置长期股权投资损益计算表（见图表 2-1-97）。

图表 2-1-97　处置长期股权投资损益计算表

年　月　日

投资项目	出售股份数量（股）	出售所得（元）	出售部分账面价值（元）	投资损益（元）	备注
百邦科技					

［业务 44］12 月 23 日，安耐公司收回原已注销的坏账。相关电汇凭证见图表 2-1-98。

图表 2-1-98　电汇凭证

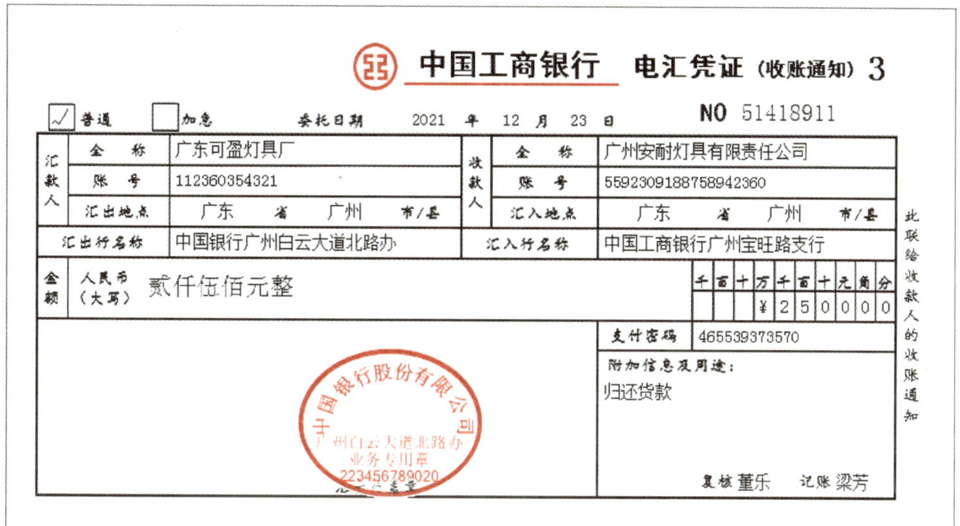

中国工商银行　电汇凭证（收账通知）3

☑普通　□加急　委托日期　2021 年 12 月 23 日　NO 51418911

汇款人			收款人		
汇款人	全　称	广东可盈灯具厂	收款人	全　称	广州安耐灯具有限责任公司
	账　号	112360354321		账　号	5592309188758942360
	汇出地点	广东 省 广州 市/县		汇入地点	广东 省 广州 市/县
汇出行名称		中国银行广州白云大道北路办	汇入行名称		中国工商银行广州宝旺路支行
金额	人民币（大写）	贰仟伍佰元整			¥250000
			支付密码		465539373570
			附加信息及用途：		归还贷款
					复核 董乐　记账 梁芳

此联给收款人的收账通知

特殊记账附件如下：

特殊记账附件

今收到广东可盈灯具厂汇来 2 500 元，是上年已作为坏账损失处理的款项。因该厂被兼并，原债务由兼并企业承担，故又收回。

广州安耐灯具有限责任公司
2021 年 12 月 23 日

［业务 45］12 月 24 日，安耐公司预付来年报刊杂志费。相关银行回单见图表 2-1-99。

图表 2-1-99　银行回单

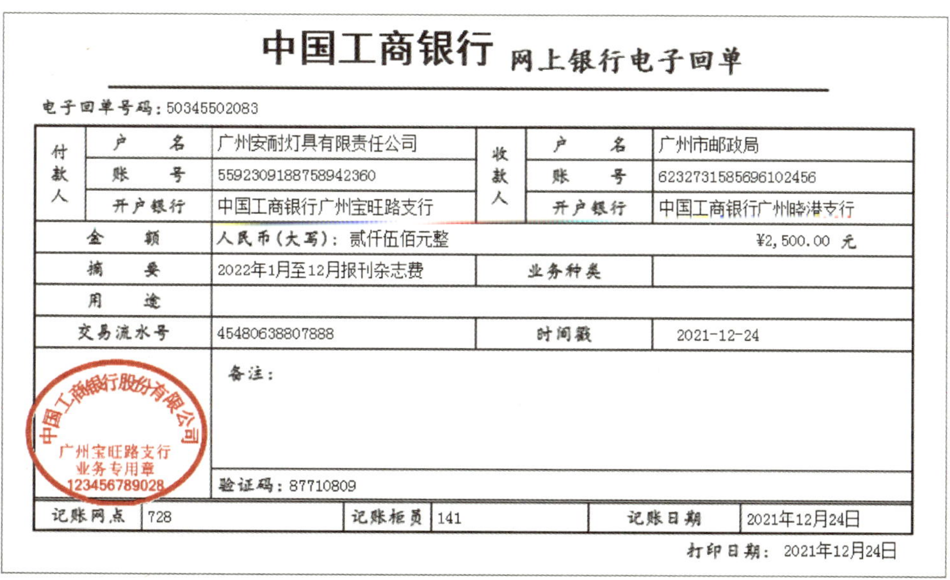

中国工商银行　网上银行电子回单

电子回单号码：50345502083

付款人			收款人		
付款人	户　名	广州安耐灯具有限责任公司	收款人	户　名	广州市邮政局
	账　号	5592309188758942360		账　号	6232731585696102456
	开户银行	中国工商银行广州宝旺路支行		开户银行	中国工商银行广州畤港支行
金　额		人民币（大写）：贰仟伍佰元整			¥2,500.00 元
摘　要		2022年1月至12月报刊杂志费	业务种类		
用　途					
交易流水号		45480638807888	时间戳		2021-12-24
		备注：			
		验证码：87710809			
记账网点	728	记账柜员	141	记账日期	2021年12月24日

打印日期：2021年12月24日

［业务46］12月24日，安耐公司收回广州华联有限责任公司所欠款项。相关电汇凭证见图表2-1-100。

图表2-1-100　电汇凭证

中国工商银行　电汇凭证（收账通知）3

☑普通　☐加急　委托日期 2021 年 12 月 24 日　NO 71415861

汇款人	全称	广州华联有限责任公司	收款人	全称	广州安耐灯具有限责任公司
	账号	0332025781665521344		账号	5592309188758942360
	汇出地点	广东 省 广州 市/县		汇入地点	广东 省 广州 市/县
汇出行名称		中国工商银行广州越秀支行	汇入行名称		中国工商银行广州宝旺路支行
金额	人民币（大写）	陆拾柒万伍仟元整		千百十万千百十元角分	¥67500000
				支付密码	137459425949
				附加信息及用途：	归还欠款
汇出行签章				复核 董乐	记账 梁芳

中国工商银行股份有限公司 广州越秀支行 业务专用章 123456789630

此联给收款人的收账通知

［业务47］12月24日，安耐公司销售一批筒灯、射灯。相关销售单见图表2-1-101，银行回单见图表2-1-102。

图表2-1-101　销售单

购货单位：广州星艺装饰有限公司　地址和电话：广州市白云区黄石路18号 020-86659482　单据编号：3253

纳税人识别号：91440111M924987929　开户行及账号：中国银行广州黄石路办 014203158331

制单日期：2021年12月24日

编码	产品名称	规格	单位	数量	单价（元）	金额（元）	备注
	筒灯	40个/箱	箱	1 000	800.00	800 000.00	不含税价
	射灯	40个/箱	箱	600	1 000.00	600 000.00	不含税价
合计	人民币（大写）：壹佰肆拾万元整					¥1 400 000.00	

总经理：李文君　销售经理：徐子轩　经手人：周志坚　会计：杨小玲　签收人：张睿

图表 2-1-102 银行回单

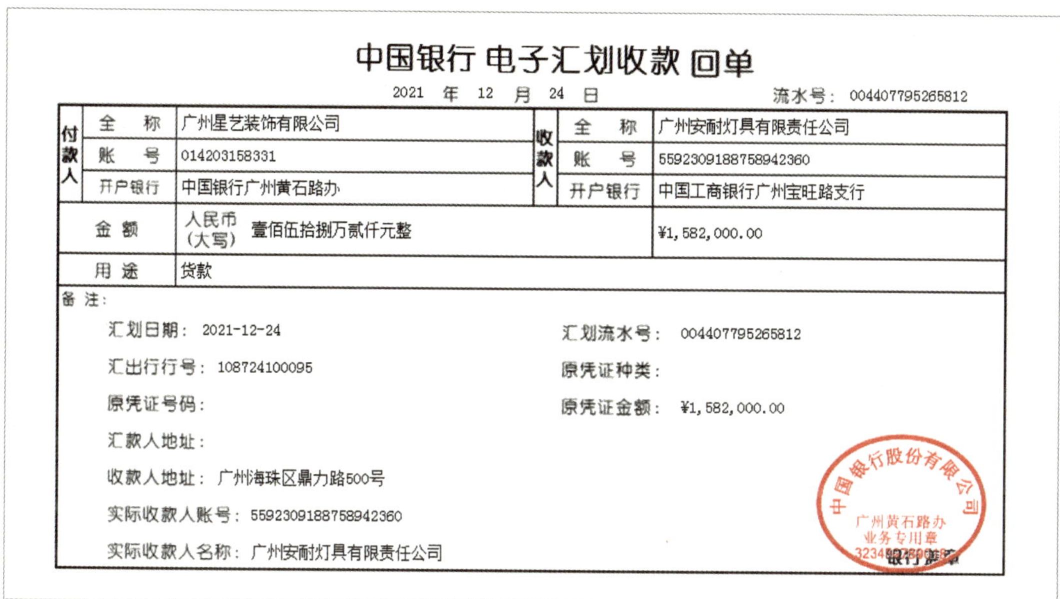

中国银行 电子汇划收款 回单

2021 年 12 月 24 日 流水号：004407795265812

付款人			收款人		
	全称	广州星艺装饰有限公司		全称	广州安耐灯具有限责任公司
	账号	014203158331		账号	5592309188758942360
	开户银行	中国银行广州黄石路办		开户银行	中国工商银行广州宝旺路支行
金额		人民币（大写）壹佰伍拾捌万贰仟元整			¥1,582,000.00
用途		货款			

备注：

汇划日期：2021-12-24　　汇划流水号：004407795265812

汇出行行号：108724100095　　原凭证种类：

原凭证号码：　　原凭证金额：¥1,582,000.00

汇款人地址：

收款人地址：广州海珠区鼎力路500号

实际收款人账号：5592309188758942360

实际收款人名称：广州安耐灯具有限责任公司

要求：根据上述资料填制相关增值税发票（见图表 2-1-103）和出库单（见图表 2-1-104）。

图表 2-1-103 增值税发票

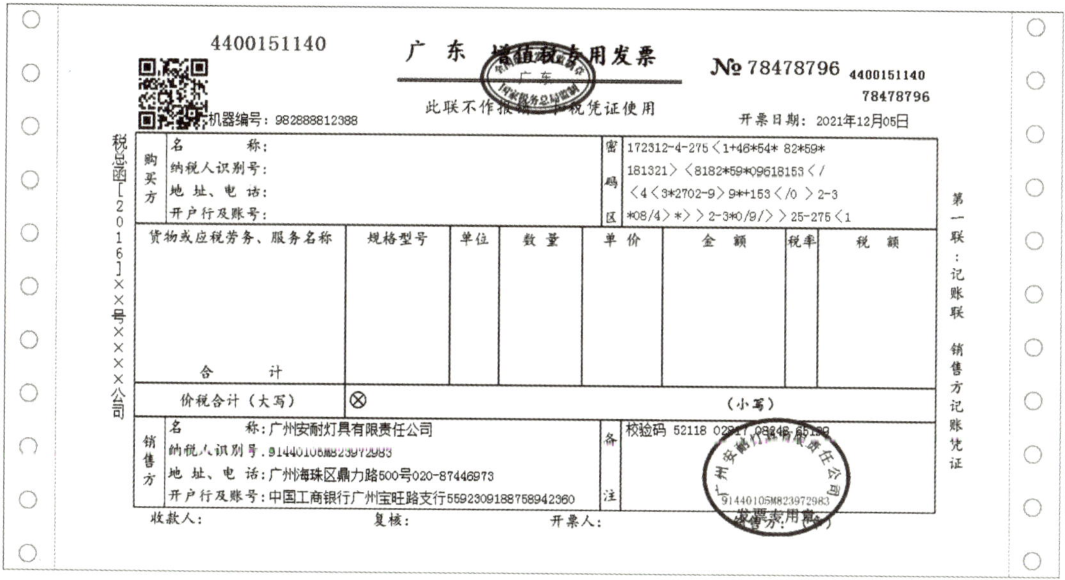

4400151140　广东增值税专用发票　№ 78478796　4400151140　78473796

此联不作报销、扣税凭证使用

机器编号：982888812388　开票日期：2021年12月05日

购买方	名称： 纳税人识别号： 地址、电话： 开户行及账号：	密码区	172312-4-275＜1+46*54* 82*59* 181321＞＜8182*59*09618153＜/ ＜4＜3*2702-9＞9*+153＜/0 ＞2-3 *08/4＞*＞＞2-3*0/9/＞＞25-275＜1

货物或应税劳务、服务名称	规格型号	单位	数量	单价	金额	税率	税额
合计							
价税合计（大写）	⊗			（小写）			

销售方	名称：广州安耐灯具有限责任公司 纳税人识别号：91440105M823972983 地址、电话：广州海珠区鼎力路500号020-87446973 开户行及账号：中国工商银行广州宝旺路支行5592309188758942360	备注	校验码 52118 02817 08248 65139

收款人：　　复核：　　开票人：　　销售方：（章）

税总函[2016]××号××××公司

第一联：记账联　销售方记账凭证

图表 2-1-104　出库单

出货单位：　　　　日期：　　　　单号：

提货单位（部门）：　　　　销售单号：　　　　发货仓库：　　　　出库日期：

编码	名称	规格	单位	数量		单价（元）	金额（元）
				应发	实发		
合计	人民币（大写）：						

会计联

部门经理：　　　　会计：　　　　仓库：　　　　经办人：

［业务 48］12 月 24 日，安耐公司计提本月购销合同印花税。相关两份购销合同如下：

购销合同

合同编号：41680372

购货单位（甲方）：广州安耐灯具有限责任公司

供货单位（乙方）：华南设备有限公司

根据《中华人民共和国合同法》及国家相关法律法规之规定，甲乙双方本着平等互利的原则，就甲方购买乙方货物一事达成以下协议。

一、货物的名称、数量及价格

货物名称	规格型号	单位	数量	单价（元）	金额（元）	税率	价税合计（元）
LED 生产设备	F-Xp220	台	1	300 000. 00	300 000. 00	13%	339 000. 00
合计（大写）叁拾叁万玖仟元整							¥ 339 000. 00

二、交货方式：乙方免费运送和安装设备，交货时间：2021 年 12 月 5 日前，交货地点：广州安耐灯具有限责任公司仓库，运费由乙方承担。

三、付款时间与付款方式：甲方应在 2021 年 12 月 5 日支付首期款项 189 000 元，余下款项分别在 2022 年、2023 年、2024 年每年的 12 月 31 日平均支付。

四、甲方对乙方的货物质量有异议时，应在收到货物后 30 天 内提出，逾期视为货物质量合格。

五、未尽事宜经双方协商可签订补充协议，补充协议与本合同具有同等效力。

六、本合同自双方签字、盖章之日起生效。本合同一式两份，甲乙双方各执一份。

甲方（签章）：　　　　乙方（签章）：

授权代表：李文君　　　　授权代表：马俊辉

地　址：广州市海珠区鼎力路 500 号　　　　地　址：广州市海珠区新港路 104 号

电　话：020-87446973　　　　电　话：020-47808076

日　期：2021 年 12 月 05 日　　　　日　期：2021 年 12 月 05 日

购销合同

合同编号：43882493

购货单位（甲方）：广州安耐灯具有限责任公司

供货单位（乙方）：广州市中兴五金有限责任公司

根据《中华人民共和国合同法》及国家相关法律法规之规定，甲乙双方本着平等互利的原则，就甲方购买乙方货物一事达成以下协议。

一、货物的名称、数量及价格

货物名称	规格型号	单位	数量	单价（元）	金额（元）	税率	价税合计（元）
原材料		批	1	1 000 000.00	1 000 000.00	13%	1 130 000.00
合计（大写）壹佰壹拾叁万元整							¥1 130 000.00

二、交货方式：快运，交货时间：乙方收到甲方的货款（根据银行底单传真件）前，交货地点：广州安耐灯具有限责任公司仓库，运费由乙方承担。

三、付款时间与付款方式：甲方应在2022年1月24日前将全额1 130 000元整电汇至乙方指定账户。

四、甲方对乙方的货物质量有异议时，应在收到货物后一年内提出，逾期视为货物质量合格。

五、未尽事宜经双方协商可签订补充协议，补充协议与本合同具有同等效力。

六、本合同自双方签字、盖章之日起生效。本合同一式两份，甲乙双方各执一份。

甲方（盖章）：广州安耐灯具有限责任公司
授权代表：李文君
地　　址：广州市海珠区鼎力路500号
电　　话：020-87446973
日　　期：2021年12月24日

乙方（盖章）：广州市中兴五金有限责任公司
授权代表：周石
地　　址：广州市花都区狮岭镇33号
电　　话：020-89956211
日　　期：2021年12月24日

［业务49］12月24日，安耐公司发生进货退出。相关增值税发票见图表2-1-105和图表2-1-106，托收凭证见图表2-1-107。

图表2-1-105　增值税发票（货款）

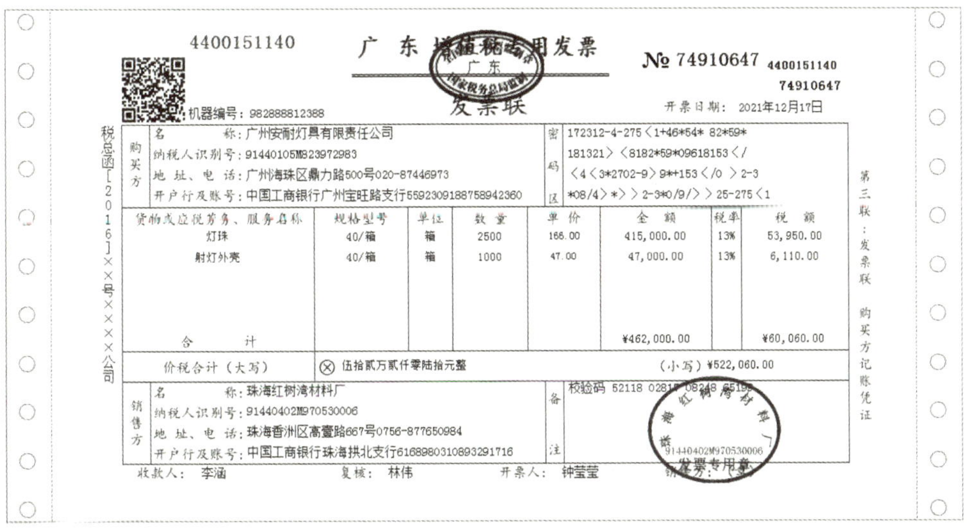

4400151140　广东增值税专用发票　№ 74910647　4400151140　74910647

发票联

机器编号：982888812388　　开票日期：2021年12月17日

购买方
名　　称：广州安耐灯具有限责任公司
纳税人识别号：91440105M823972983
地址、电话：广州海珠区鼎力路500号020-87446973
开户行及账号：中国工商银行广州宝旺路支行5592309188758942360

密码区：
172312-4-275<1+46*54* 82*59*
181321><8182*59*09618153</
<4<3*2702-9>9*+153</0 >2-3
08/4>>>2-3*0/9/>>25-275<1

货物或应税劳务、服务名称	规格型号	单位	数量	单价	金额	税率	税额
灯珠	40/箱	箱	2500	166.00	415,000.00	13%	53,950.00
射灯外壳	40/箱	箱	1000	47.00	47,000.00	13%	6,110.00
合　计					¥462,000.00		¥60,060.00
价税合计（大写）	⊗伍拾贰万贰仟零陆拾元整				（小写）¥522,060.00		

销售方
名　　称：珠海红树湾材料厂
纳税人识别号：91440402M970530006
地址、电话：珠海香洲区高壹路667号0756-877650984
开户行及账号：中国工商银行珠海拱北支行6168980310893291716

备注：校验码 52118 02818 08248 65195

收款人：李涵　复核：林伟　开票人：钟莹莹　销售方：（章）

税总函[2016]××号××××公司

第三联：发票联　购买方记账凭证

图表 2-1-106 增值税发票（运输费）

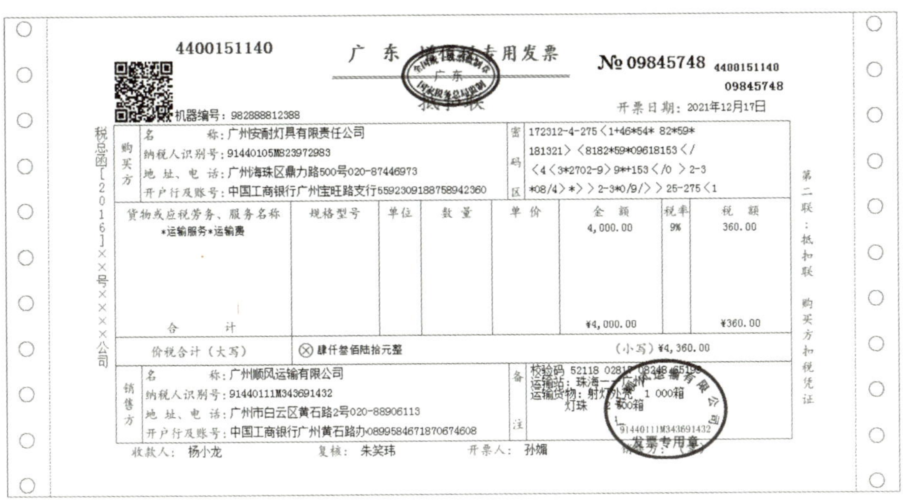

4400151140　广东增值税专用发票　№ 09845748　4400151140　09845748

抵扣联

机器编号：982888812388　开票日期：2021年12月17日

购买方	名称：广州安耐灯具有限责任公司 纳税人识别号：91440105MB23972983 地址、电话：广州海珠区鼎力路500号020-87446973 开户行及账号：中国工商银行广州宝旺路支行5592309188758942360	密码区	172312-4-275＜1+46*54* 82*59* 181321＞＜8182*59*09618153＜/ ＜4＜3*2702-9＞9*+153＜/0 ＞2-3 *08/4＞*＞＞2-3*0/9/＞＞25-275＜1

货物或应税劳务、服务名称	规格型号	单位	数量	单价	金额	税率	税额
*运输服务*运输费					4,000.00	9%	360.00
合计					¥4,000.00		¥360.00
价税合计（大写）	⊗肆仟叁佰陆拾元整				（小写）¥4,360.00		

销售方	名称：广州顺风运输有限公司 纳税人识别号：91440111M343691432 地址、电话：广州市白云区黄石路2号020-88906113 开户行及账号：中国工商银行广州黄石路办0899584671870674608	备注	校验码 52118 0281 08248 6519 运输站：珠海—广州 运输货物：射灯外壳 1 000箱 灯珠 2 000箱

收款人：杨小龙　复核：朱笑玮　开票人：孙媚　销售方：（章）广州顺风运输有限公司 91440111M343691432 发票专用章

税总函[2016]××号×××公司

第二联：抵扣联 购买方扣税凭证

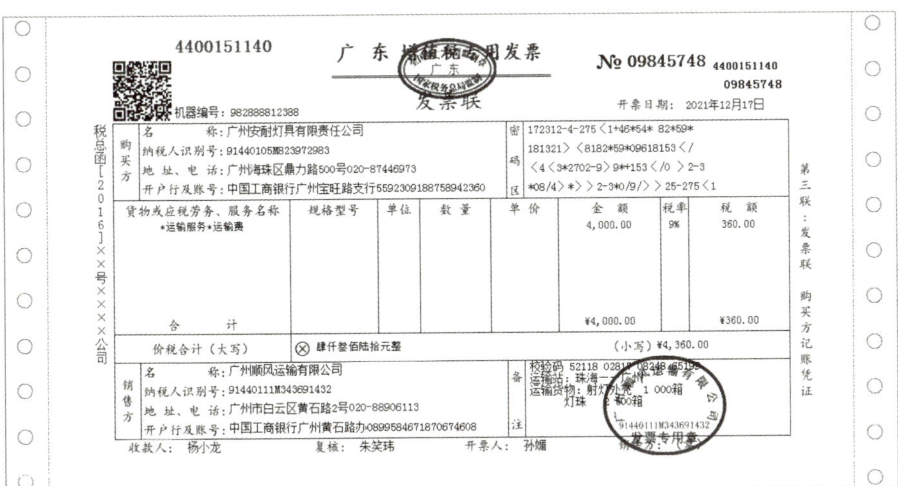

4400151140　广东增值税专用发票　№ 09845748　4400151140　09845748

发票联

机器编号：982888812388　开票日期：2021年12月17日

购买方	名称：广州安耐灯具有限责任公司 纳税人识别号：91440105MB23972983 地址、电话：广州海珠区鼎力路500号020-87446973 开户行及账号：中国工商银行广州宝旺路支行5592309188758942360	密码区	172312-4-275＜1+46*54* 82*59* 181321＞＜8182*59*09618153＜/ ＜4＜3*2702-9＞9*+153＜/0 ＞2-3 *08/4＞*＞＞2-3*0/9/＞＞25-275＜1

货物或应税劳务、服务名称	规格型号	单位	数量	单价	金额	税率	税额
*运输服务*运输费					4,000.00	9%	360.00
合计					¥4,000.00		¥360.00
价税合计（大写）	⊗肆仟叁佰陆拾元整				（小写）¥4,360.00		

销售方	名称：广州顺风运输有限公司 纳税人识别号：91440111M343691432 地址、电话：广州市白云区黄石路2号020-88906113 开户行及账号：中国工商银行广州黄石路办0899584671870674608	备注	校验码 52118 0281 08248 6519 运输站：珠海—广州 运输货物：射灯外壳 1 000箱 灯珠 2 000箱

收款人：杨小龙　复核：朱笑玮　开票人：孙媚　销售方：（章）广州顺风运输有限公司 91440111M343691432 发票专用章

税总函[2016]××号×××公司

第三联：发票联 购买方记账凭证

图表 2-1-107 托收凭证

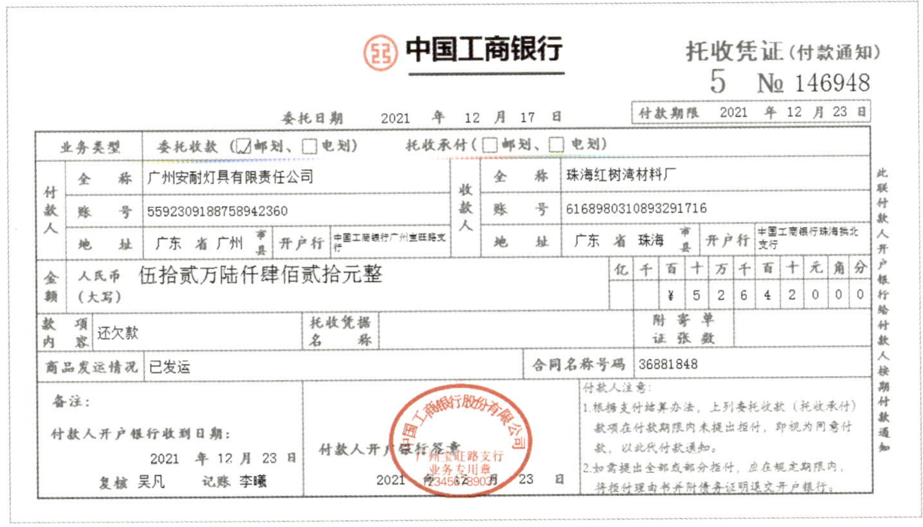

中国工商银行　托收凭证（付款通知）　5　№ 146948

委托日期 2021 年 12 月 17 日　付款期限 2021 年 12 月 23 日

业务类型：委托收款（☑邮划、□电划）　托收承付（□邮划、□电划）

	付款人		收款人
全称	广州安耐灯具有限责任公司	全称	珠海红树湾材料厂
账号	5592309188758942360	账号	6168980310893291716
地址	广东省广州市/县　开户行：中国工商银行广州宝旺路支行	地址	广东省珠海市/县　开户行：中国工商银行珠海拱北支行

金额	人民币（大写）伍拾贰万陆仟肆佰贰拾元整	亿	千	百	十	万	千	百	十	元	角	分
				¥	5	2	6	4	2	0	0	0

款项内容：还欠款　托收凭据名称：　附寄单证张数：

商品发运情况：已发运　合同名称号码：36881848

备注：

付款人开户银行收到日期：2021 年 12 月 23 日

复核 吴凡　记账 李曦

付款人开户银行签章（章：中国工商银行股份有限公司广州宝旺路支行 业务专用章）2021 年 12 月 23 日

付款人注意：

1.根据支付结算办法，上列委托收款（托收承付）款项在付款期限内未提出拒付，即视为同意付款，以此代付款通知。

2.如需提出全部或部分拒付，应在规定期限内，将拒付理由书并附债务证明退交开户银行。

此联付款人开户银行给付款人按期付款通知

相关进货退出申请单见图表2-1-108，开具红字增值税专用发票通知单见图表2-1-109，增值税发票见图表2-1-110。

图表 2-1-108 进货退出申请单

2021年12月24日

供货单位	珠海红树湾材料厂			原购进日期及购进票号	2021-12-17 No. 000045	
商品名称	单位及规格	退货数量	生产企业	生产日期	批号	有效期至
灯珠	箱（40个/箱）	300	珠海红树湾材料厂	2021-11-11	001	2022-11-11
退货原因	质量未达合同要求，无法使用 经手人：张睿　　申请日期：2021-12-24					
采购部经理意见	情况属实 徐子轩 2021-12-24			总经理意见及签名	同意 李文君 2021-12-24	

质检车间：陈实　　财务部：王静　　保管员：周志坚　　出库复核员：向鑫

图表 2-1-109 开具红字增值税专用发票通知单

填开日期：2021年12月24日　　No. 08648342

销售方	名称	珠海红树湾材料厂	购买方	名称	广州安耐灯具有限责任公司	
	税务登记代码	91440402M970530006		税务登记代码	91440105M823972983	
开具红字发票内容	货物（劳务）名称	单价	数量	金额	税率	税额
	灯珠	166.00	-300	-49 800.00	13%	-6 474.00
	合计			¥-49 800.00		¥-6 474.00
说明	需要作进项税额转出 √ 不需要作进项税额转出 □ 纳税人识别号认证不符 □ 专用发票代码、号码认证不符 □ 对应蓝字专用发票密码区打印的代码：4400151140 号码：74910647 开具红字专用发票理由：与合同规定质量不符销货退回					

经办人：林伟　　负责人：吴春　　主管税务机关名称（印章）：全国统一发票监制章 广东省税务总局监制

注：①本通知单一式三联，第一联由申请方主管税务机关留存，第二联由申请方送交对方留存，第三联由申请方留存。

②通知单应与申请单一一对应。

图表 2-1-110　增值税发票

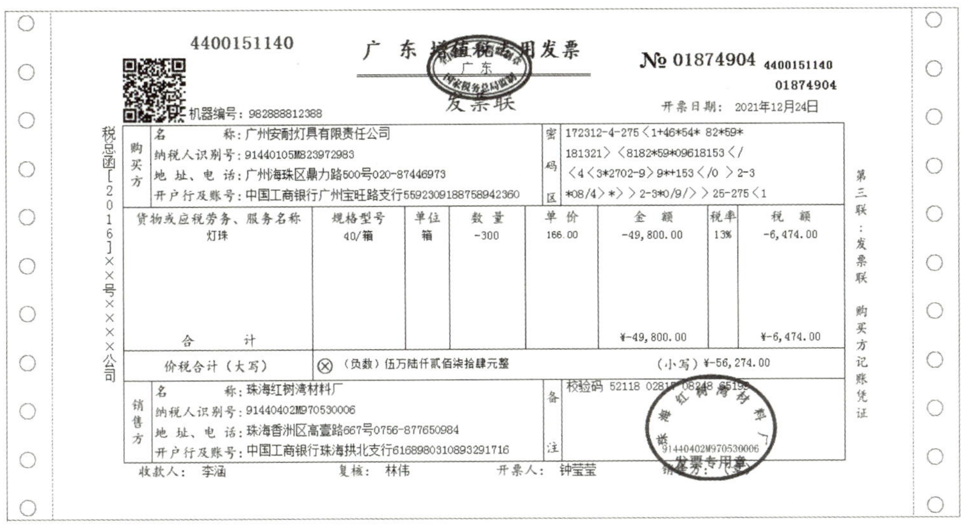

广东增值税专用发票

4400151140　　№ 01874904　4400151140　01874904

发票联

机器编号：982888812388　　开票日期：2021年12月24日

税总函[2016]××号×××公司

购买方　名称：广州安耐灯具有限责任公司
纳税人识别号：91440105M823972983
地址、电话：广州海珠区鼎力路500号020-87446973
开户行及账号：中国工商银行广州宝旺路支行5592309188758942360

密码区　172312-4-275<1+46*54* 82*59*
181321><8182*59*09618153</
<4<3*2702-9>9*+153</0 >2-3
08/4>>>2-3*0/9/>>25-275<1

货物或应税劳务、服务名称	规格型号	单位	数量	单价	金额	税率	税额
灯珠	40/箱	箱	-300	166.00	-49,800.00	13%	-6,474.00
合计					¥-49,800.00		¥-6,474.00

价税合计（大写）　⊗（负数）伍万陆仟贰佰柒拾肆元整　（小写）¥-56,274.00

销售方　名称：珠海红树湾材料厂
纳税人识别号：91440402M970530006
地址、电话：珠海香洲区高壹路667号0756-877650984
开户行及账号：中国工商银行珠海拱北支行6168980310893291716

备注　校验码 52118 02818 08248 85196

收款人：李涵　复核：林伟　开票人：钟莹莹　销售方：（章）

第三联：发票联　购买方记账凭证

要求：根据上述资料填写材料采购运杂费分配表（见图表 2-1-111）、材料入库单（见图表 2-1-112）。

图表 2-1-111　材料采购运杂费分配表

年　　月　　日

发货单位				
材料名称	分配标准（箱）	分配率	分配金额（元）	备注
灯珠				
射灯外壳				
合计				

财务主管：　　复核：　　制表：

提示：运杂费按所购材料箱数分配。

图表 2-1-112　材料入库单

发票号码：　　金额单位：元

供应单位：　　收料单编号：

收发类别：　　年　　月　　日　　收料仓库：

编号	名称	规格	单位	数量		实际成本					计划成本	
				应收	实收	买价		运杂费	其他	合计	单价	金额
						单价	金额					
合计												
备注												

采购员：　　检验员：　　记账员：　　保管员：

［业务 50］12 月 24 日，安耐公司报销业务招待费。相关增值税发票见图表 2-1-113 至图表 2-1-115。

图表 2-1-113　增值税发票 1

4400151140　广东增值税专用发票　№ 49662419　4400151140　49662419

发票联

机器编号：982888812388　开票日期：2021年12月18日

购买方	名　称：广州安耐灯具有限责任公司 纳税人识别号：91440105MB23972983 地址、电话：广州海珠区鼎力路500号020-87446973 开户行及账号：中国工商银行广州宝旺路支行5592309188758942360	密码区	172312-4-275＜1+46*54* 82*59* 181321＞＜8182*59*09618153＜/ ＜4＜3*2702-9＞9*+153＜/0 ＞2-3 *08/4＞*＞＞2-3*0/9/＞＞25-275＜1

货物或应税劳务、服务名称	规格型号	单位	数量	单价	金额	税率	税额
*餐饮服务*餐费			1	800.00	800.00	6%	48.00
合　计					¥800.00		¥48.00
价税合计（大写）	⊗捌佰肆拾捌元整				（小写）¥848.00		

销售方	名　称：广州丸创餐饮有限责任公司 纳税人识别号：91440106M916875990 地址、电话：广州市天河区体育东路13号 020-85201661 开户行及账号：工行广州天河区百奇路支行731876423014	备注	校验码 52118 02818 08248 65195

收款人：龙玉　复核：邓方　开票人：刘威　销售方：（章）

税总函［2016］××号××××公司

第三联：发票联　购买方记账凭证

图表 2-1-114　增值税发票 2

4400151140　广东增值税专用发票　№ 28076463　4400151140　28076463

发票联

机器编号：982888812388　开票日期：2021年12月22日

购买方	名　称：广州安耐灯具有限责任公司 纳税人识别号：91440105MB23972983 地址、电话：广州海珠区鼎力路500号020-87446973 开户行及账号：中国工商银行广州宝旺路支行5592309188758942360	密码区	172312-4-275＜1+46*54* 82*59* 181321＞＜8182*59*09618153＜/ ＜4＜3*2702-9＞9*+153＜/0 ＞2-3 *08/4＞*＞＞2-3*0/9/＞＞25-275＜1

货物或应税劳务、服务名称	规格型号	单位	数量	单价	金额	税率	税额
*餐饮服务*餐费			1	2,000.00	2,000.00	6%	120.00
合　计					¥2,000.00		¥120.00
价税合计（大写）	⊗贰仟壹佰贰拾元整				（小写）¥2,120.00		

销售方	名　称：广州丸创餐饮有限责任公司 纳税人识别号：91440106M916875990 地址、电话：广州市天河区体育东路13号 020-85201661 开户行及账号：工行广州天河区百奇路支行731876423014	备注	校验码 52118 02818 08248 65195

收款人：龙玉　复核：邓方　开票人：刘威　销售方：（章）

税总函［2016］××号××××公司

第三联：发票联　购买方记账凭证

图表 2-1-115　增值税发票 3

4400151140　　广东增值税专用发票　　№ 74444698　4400151140　74444698

发票联

机器编号：982888812388　　开票日期：2021年12月24日

购买方	名　　称：广州安耐灯具有限责任公司 纳税人识别号：91440105M823972983 地 址、电 话：广州海珠区鼎力路500号020-87446973 开户行及账号：中国工商银行广州宝旺路支行5592309188758942360				密码区	172312-4-275＜1+46*54* 82*59* 181321＞＜8182*59*09618153＜/ ＜4＜3*2702-9＞9*+153＜/0 ＞2-3 *08/4＞*＞＞2-3*0/9/＞＞25-275＜1	
货物或应税劳务、服务名称	规格型号	单位	数量	单价	金额	税率	税额
*餐饮服务*餐费			1	2,600.00	2,600.00	6%	156.00
合　　计					¥2,600.00		¥156.00
价税合计（大写）	⊗ 贰仟柒佰伍拾陆元整				（小写）¥2,756.00		
销售方	名　　称：广州丸创餐饮有限责任公司 纳税人识别号：91440106M916875990 地 址、电 话：广州市天河区体育东路13号 020-85201661 开户行及账号：工行广州天河区百商路支行731876423014				备注	校验码 52118 02813 08248 65195	

收款人：龙王　　复核：邓方　　开票人：刘威　　销售方：（章）

第三联：发票联　购买方记账凭证

税总函[2016]××号××××公司

要求：根据上述资料填写相关支票，见图表 2-1-116。

图表 2-1-116　支票

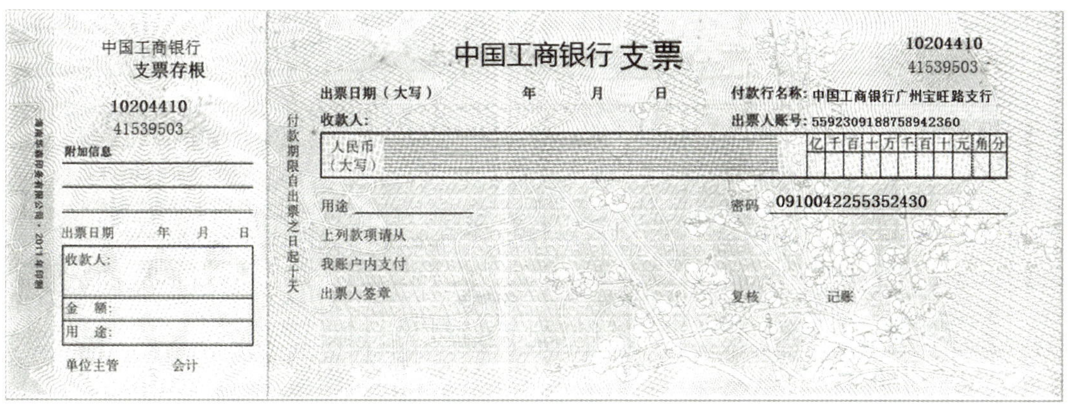

中国工商银行 支票存根　10204410　41539503

附加信息

出票日期　年　月　日

收款人：

金　额：

用　途：

单位主管　　会计

中国工商银行 支票　10204410　41539503

出票日期（大写）　年　月　日　　付款行名称：中国工商银行广州宝旺路支行

收款人：　　出票人账号：5592309188758942360

人民币（大写）　亿 千 百 十 万 千 百 十 元 角 分

用途　　密码　0910042255352430

上列款项请从

我账户内支付

出票人签章　　复核　　记账

付款期限自出票之日起十天

[业务 51] 12 月 25 日，安耐公司发放筒灯作为股利分红。发放股利决定书如下：

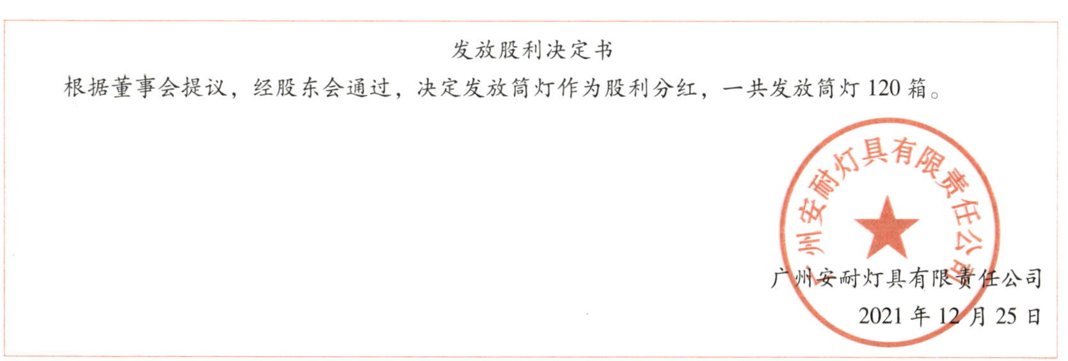

发放股利决定书

根据董事会提议，经股东会通过，决定发放筒灯作为股利分红，一共发放筒灯 120 箱。

广州安耐灯具有限责任公司

2021 年 12 月 25 日

相关增值税计算表见图表 2-1-117。

图表 2-1-117　增值税计算表

2021 年 12 月 25 日

产品名称	计量单位	数量	单价（元）	增值税税率	销项税额（元）
筒灯	箱	120	800.00	13%	12 480.00

财务主管：冯娟　　复核：杨小玲　　制表：王静

要求：根据上述资料填写出库单（见图表 2-1-118）。

图表 2-1-118　出库单

出货单位：　　日期：　　单号：

提货单位（部门）：　　销售单号：　　发货仓库：　　出库日期：

编码	名称	规格	单位	数量		单价（元）	金额（元）
				应发	实发		
合计	人民币（大写）：						

会计联

部门经理：　　会计：　　仓库：　　经办人：

［业务 52］12 月 26 日，安耐公司支付一笔汽油费。相关支付单据见图表 2-1-119。本次付款采用微信支付方式，支付的汽油费记入机修车间 6 500 元，记入质检车间 2 462 元。

图表 2-1-119　支付汽油费单据

中国石化广东广州石油分公司

-8 962.00

当前状态　支付成功

商品　中石化加油付款

商户全称　中国石化销售股份有限公司广东广州石油分公司

支付时间　2021-12-26　15:40:51

支付方式　零钱

交易单号　4100000483202001283965653128

商户单号　可在支持的商户扫码退款

［业务 53］12 月 28 日，安耐公司支付一笔办公室电话费。相关增值税发票见图表 2-1-120，托收凭证见图表 2-1-121。

图表 2-1-120　增值税发票

4400151140　　广东增值税专用发票　　№ 17372026　4400151140　17372026

发票联

机器编号：982888812388　　开票日期：2021年12月28日

税总函［2016］××号××××公司

购买方	名称：广州安耐灯具有限责任公司 纳税人识别号：91440105M823972983 地址、电话：广州海珠区鼎力路500号020-87446973 开户行及账号：中国工商银行广州宝旺路支行5592309188758942360	密码区	172312-4-275<1+46*54* 82*59* 181321><8182*59*09618153</ <4<3*2702-9>9*+153</0 >2-3 *08/4>*>>2-3*0/9/>>25-275<1

货物或应税劳务、服务名称	规格型号	单位	数量	单价	金额	税率	税额
*电信服务 *电话费			1	6,972.48	6,972.48	9%	627.52
合计					¥6,972.48		¥627.52
价税合计（大写）	⊗柒仟陆佰元整				（小写）¥7,600.00		

销售方	名称：广州市电信局 纳税人识别号：91440105M499222136 地址、电话：广州海珠区昌岗路7号 020-84201654 开户行及账号：中国工商银行广州昌岗路支行1256891621418116731	备注	校验码 52118 0281? 08248 6519? （广州市电信局 91440105M499222136 发票专用章）

收款人：林宇凡　　复核：林以修　　开票人：朱笑玮　　销售方：（章）

第三联：发票联　购买方记账凭证

图表 2-1-121　托收凭证

中国工商银行　　托收凭证（付款通知）　　5　№ 319841

委托日期　2021 年 12 月 23 日　　付款期限　2021 年 12 月 28 日

业务类型	委托收款（□邮划、☑电划）　托收承付（□邮划、□电划）					
付款人	全称	广州安耐灯具有限责任公司	收款人	全称	广州市电信局	
	账号	5592309188758942360		账号	1256891621418116731	
	地址	广东 省 广州 市/县　开户行 中国工商银行广州宝旺路支行		地址	广东 省 广州 市/县　开户行 中国工商银行广州昌岗路支行	
金额	人民币（大写）	柒仟陆佰元整			亿 千 百 十 万 千 百 十 元 角 分 ¥ 7 6 0 0 0 0	
款项内容	电话费	托收凭据名称		附寄单证张数		
商品发运情况				合同名称号码	26028214	

备注： 付款人开户银行收到日期： 2021 年 12 月 28 日 复核 吴凡　记账 李曦	付款人开户银行签章 （中国工商银行股份有限公司 广州宝旺路支行 业务专用章） 2021 年 12 月 28 日	付款人注意： 1.根据支付结算办法，上列委托收款（托收承付）款项在付款期限内未提出拒付，即视为同意付款，以此代付款通知。 2.如需提出全部或部分拒付，应在规定期限内，将拒付理由书并附债务证明退交开户银行。

此联付款人开户银行给付款人按期付款通知

［业务 54］12 月 29 日，安耐公司所购一批材料验收入库，材料款已预付。相关增值税发票见图表 2-1-122。

图表 2-1-122　增值税发票

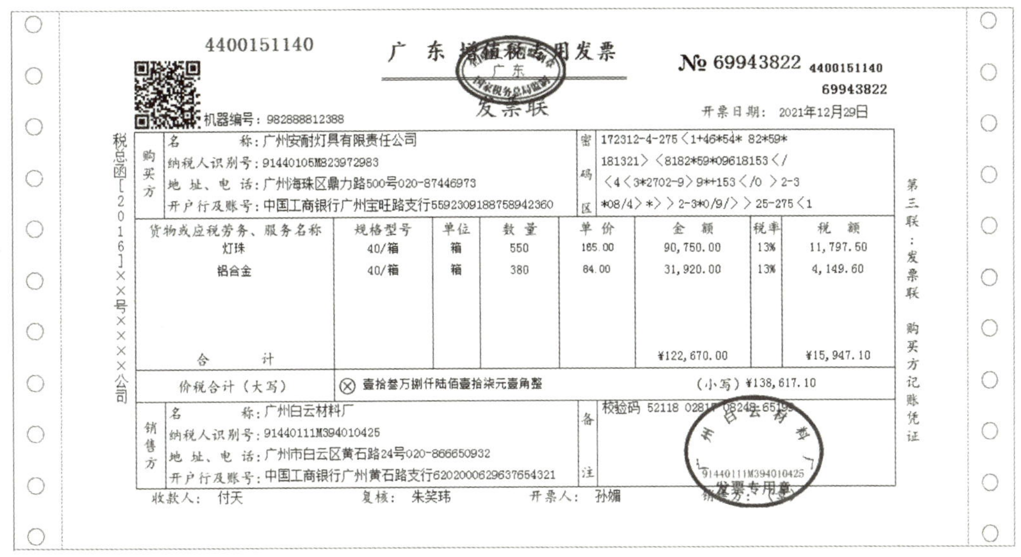

4400151140

广东增值税专用发票

发票联

№ 69943822　4400151140　69943822

机器编号：982888812388

开票日期：2021年12月29日

税总函[2016]××号××××公司

购买方	名　　称：广州安耐灯具有限责任公司 纳税人识别号：91440105M823972983 地址、电话：广州海珠区鼎力路500号020-87446973 开户行及账号：中国工商银行广州宝旺路支行5592309188758942360	密码区	172312-4-275<1+46*54* 82*59* 181321><8182*59*09618153</ <4<3*2702-9>9*+153</0 >2-3 *08/4>*>>2-3*0/9/>>25-275<1

货物或应税劳务、服务名称	规格型号	单位	数量	单价	金额	税率	税额
灯珠	40/箱	箱	550	165.00	90,750.00	13%	11,797.50
铝合金	40/箱	箱	380	84.00	31,920.00	13%	4,149.60
合　　计					¥122,670.00		¥15,947.10
价税合计（大写）	⊗壹拾叁万捌仟陆佰壹拾柒元壹角整				（小写）¥138,617.10		

销售方	名　　称：广州白云材料厂 纳税人识别号：91440111M394010425 地址、电话：广州市白云区黄石路24号020-866650932 开户行及账号：中国工商银行广州黄石路支行6202000629637654321	备注	校验码 52118 0281[illegible] 08248 6519[illegible] （印章：广州白云材料厂 91440111M394010425 发票专用章）

收款人：付天　　复核：朱笑玮　　开票人：孙媚　　销售方：（章）

第三联：发票联　购买方记账凭证

要求：根据上述资料填写材料入库单（见图表 2-1-123）。

图表 2-1-123　材料入库单

发票号码：　　　　　　　　　　　　　　　　　　　　金额单位：元

供应单位：　　　　　　　　　　　　　　　　　　　　收料单编号：

收发类别：　　　　　　　　年　　月　　日　　　　　收料仓库：

<table>
<tr><td rowspan="3">编号</td><td rowspan="3">名称</td><td rowspan="3">规格</td><td rowspan="3">单位</td><td colspan="2">数量</td><td colspan="5">实际成本</td><td colspan="2">计划成本</td></tr>
<tr><td rowspan="2">应收</td><td rowspan="2">实收</td><td colspan="2">买价</td><td rowspan="2">运杂费</td><td rowspan="2">其他</td><td rowspan="2">合计</td><td rowspan="2">单价</td><td rowspan="2">金额</td></tr>
<tr><td>单价</td><td>金额</td></tr>
<tr><td></td><td></td><td></td><td></td><td></td><td></td><td></td><td></td><td></td><td></td><td></td><td></td><td></td></tr>
<tr><td></td><td></td><td></td><td></td><td></td><td></td><td></td><td></td><td></td><td></td><td></td><td></td><td></td></tr>
<tr><td></td><td></td><td></td><td></td><td></td><td></td><td></td><td></td><td></td><td></td><td></td><td></td><td></td></tr>
<tr><td colspan="3">合计</td><td></td><td></td><td></td><td></td><td></td><td></td><td></td><td></td><td></td><td></td></tr>
<tr><td colspan="13">备注</td></tr>
</table>

采购员：　　　　　　检验员：　　　　　　记账员：　　　　　　保管员：

［业务55］12月30日，安耐公司计提12月工资及各项代扣款项。相关生产工时统计表见图表 2-1-124，工资费用分配表见图表 2-1-125，工资结算表及工资结算汇总表见本书末附表1和附表2。

图表 2-1-124　生产工时统计表

车间：一车间　　　　　　　　2021年12月30日

项目	生产工时（工时）
筒灯	1 700
射灯	900
合计	2 600

制表：王静　　　　　　　　　　　　　　　　审核：冯娟

图表 2-1-125　工资费用分配表

2021 年 12 月 30 日

应借账户			分配计入		合计金额（元）
			分配标准（生产工时）	分配率（保留 2 位小数）	
基本生产成本	一车间	筒灯			
		射灯			
		合计			

制表：　　　　　　　　　　　　　　审核：

［业务 56］12 月 30 日，安耐公司计提 12 月职工福利费、工会经费及职工教育经费。相关经费分配表见图表 2-1-126。

图表 2-1-126　职工福利费、工会经费及职工教育经费分配表

2021 年 12 月 30 日　　　　单位：元

类别		工资总额	计提比例及金额（保留 2 位小数）		
			职工福利费（14%）	工会经费（2%）	职工教育经费（2.5%）
一车间生产人员	生产筒灯人员	49 300.00	6 902.00	986.00	1 232.50
	生产射灯人员	26 093.00	3 653.02	521.86	652.33
	小计	75 393.00	10 555.02	1 507.86	1 884.83
二车间生产人员	生产组合灯人员	43 693.00	6 117.02	873.86	1 092.33
一车间管理人员		11 900.00	1 666.00	238.00	297.50
二车间管理人员		11 900.00	1 666.00	238.00	297.50
机修车间人员		29 700.00	4 158.00	594.00	742.50
质检车间人员		19 800.00	2 772.00	396.00	495.00
营销部人员		29 969.00	4 195.66	599.38	749.23
办公室人员		67 300.00	9 422.00	1 346.00	1 682.50
财务部人员		45 730.00	6 402.20	914.60	1 143.25
人事行政部人员		25 800.00	3 612.00	516.00	645.00
6 个月以上病假人员		8 900.00	1 246.00	178.00	222.50
医务室人员		10 600.00	1 484.00	212.00	265.00
在建工程部人员		35 400.00	4 956.00	708.00	885.00
合计		416 085.00	58 251.90	8 321.70	10 402.14

审核：冯娟　　　　　　　　　　　　制表：杨小玲

［业务57］12月30日，安耐公司计提“五险一金”（单位部分）。其中，“四险”（单位部分）计提表见图表2-1-127，住房公积金（单位部分）计提表见图表2-1-128。表中缴费基数来源于当地上一年度平均工资，计提标准按当地社会保险费率表执行。

图表2-1-127　“四险”（单位部分）计提表

单位：元

类别		缴费基数	计提比例及金额（保留2位小数）				合计
			养老保险费（14%）	医疗及生育保险费（6.35%）	失业保险费（0.48%）	工伤保险费（0.70%）	
一车间生产人员	生产筒灯人员	44 350.00	6 209.00	2 816.23	212.88	310.45	9 548.56
	生产射灯人员	23 166.67	3 243.33	1 471.08	111.20	162.17	4 987.78
	小计	67 516.67	9 452.33	4 287.31	324.08	472.62	14 536.34
二车间生产人员	生产组合灯人员	38 750.00	5 425.00	2 460.63	186.00	271.25	8 342.88
一车间管理人员		10 525.00	1 473.50	668.34	50.52	73.68	2 266.04
二车间管理人员		10 525.00	1 473.50	668.34	50.52	73.68	2 266.04
机修车间人员		26 308.33	3 683.17	1 670.58	126.28	184.16	5 664.19
质检车间人员		17 325.00	2 425.50	1 100.14	83.16	121.28	3 730.08
营销部人员		26 175.00	3 664.50	1 662.11	125.64	183.23	5 635.48
办公室人员		60 425.00	8 459.50	3 836.99	290.04	422.98	13 009.51
财务部人员		40 600.00	5 684.00	2 578.10	194.88	284.20	8 741.18
人事行政部人员		22 775.00	3 188.50	1 446.21	109.32	159.43	4 903.46
6个月以上病假人员		8 900.00	1 246.00	565.15	42.72	62.30	1 916.17
医务室人员		9 225.00	1 291.50	585.79	44.28	64.58	1 986.15
在建工程部人员		31 000.00	4 340.00	1 968.50	148.80	217.00	6 674.30
合计		370 050.00	51 807.00	23 498.19	1 776.24	2 590.39	79 671.82

审核：冯娟　　　　制表：杨小玲

图表 2-1-128　住房公积金（单位部分）计提表

2021 年 12 月 30 日　　　　单位：元

类别		成本项目	缴费基数	计提金额（保留 2 位小数，计提比例为 12%）
一车间生产人员	生产筒灯人员	直接成本	44 350.00	5 322.00
	生产射灯人员	直接成本	23 167.00	2 780.04
	小计	直接成本	67 517.00	8 102.04
二车间生产人员	生产组合灯人员	直接成本	38 750.00	4 650.00
一车间管理人员			10 525.00	1 263.00
二车间管理人员			10 525.00	1 263.00
机修车间人员			26 308.00	3 156.96
质检车间人员			17 325.00	2 079.00
营销部人员			26 175.00	3 141.00
办公室人员			60 425.00	7 251.00
财务部人员			40 600.00	4 872.00
人事行政部人员			22 775.00	2 733.00
6 个月以上病假人员			8 900.00	1 068.00
医务室人员			9 225.00	1 107.00
在建工程部人员			31 000.00	3 720.00
合计			370 050.00	44 406.00

审核：冯娟　　　　制表：杨小玲

［业务 58］12 月 30 日，安耐公司有关各部门领用原材料。相关领料单见图表 2-1-129 至图表 2-1-133。

图表 2-1-129　领料单 1

领料部门：一车间

用途：　　　　2021 年 12 月 10 日　　　　编号：001

材料编号	材料名称	规格	计量单位	数量		成本	
				请领	实发	单价（元）	金额（元）
	灯珠（生产筒灯）	40 个/箱	箱	2 000	2 000	160.00	320 000.00
	筒灯外壳（生产筒灯）	40 个/箱	箱	1 000	1 000	20.00	20 000.00
	射灯外壳（生产射灯）	40 个/箱	箱	500	500	40.00	20 000.00
	铝合金（筒灯、射灯共同耗用）	40 个/箱	箱	200	200	80.00	16 000.00
合计				3 700	3 700		¥ 376 000.00

财务主管：冯娟　　记账：杨小玲　　仓管主管：戴内阳　　领料：张勇　　发料：叶平

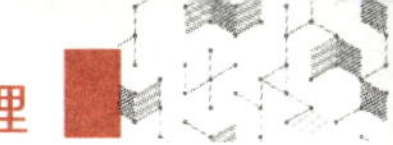

图表 2-1-130　领料单 2

领料部门：一车间

用途：　　　　2021 年 12 月 15 日　　　　编号：002

材料编号	材料名称	规格	计量单位	数量		成本	
				请领	实发	单价（元）	金额（元）
	灯珠（生产射灯）	40 个/箱	箱	1 800	1 800	160.00	288 000.00
	筒灯外壳（生产筒灯）	40 个/箱	箱	700	700	20.00	14 000.00
	射灯外壳（生产射灯）	40 个/箱	箱	1000	1000	40.00	40 000.00
	铝合金（筒灯、射灯共同耗用）	40 个/箱	箱	300	300	80.00	24 000.00
合计				3 800	3 800		¥ 366 000.00

财务主管：冯娟　　记账：杨小玲　　仓管主管：戴丙阳　　领料：张勇　　发料：叶平

图表 2-1-131　领料单 3

领料部门：二车间

用途：生产组合灯　　　　2021 年 12 月 15 日　　　　编号：003

材料编号	材料名称	规格	计量单位	数量		成本	
				请领	实发	单价（元）	金额（元）
	灯珠（生产组合灯）	40 个/箱	箱	400	400	160.00	64 000.00
	筒灯外壳（生产组合灯）	40 个/箱	箱	300	300	20.00	6 000.00
	射灯外壳（生产组合灯）	40 个/箱	箱	250	250	40.00	10 000.00
	铝合金（生产组合灯）	40 个/箱	箱	500	500	80.00	40 000.00
合计				1 450	1 450		¥ 120 000.00

财务主管：冯娟　　记账：杨小玲　　仓管主管：戴丙阳　　领料：张勇　　发料：叶平

图表 2-1-132　领料单 4

领料部门：机修车间等

用途：　　　　2021 年 12 月 20 日　　　　编号：004

材料编号	材料名称	规格	计量单位	数量		成本	
				请领	实发	单价（元）	金额（元）
	灯珠（机修车间领用）	40 个/箱	箱	80	80	160.00	12 800.00
	筒灯外壳（在建工程部领用）	40 个/箱	箱	100	100	20.00	2 000.00
	射灯外壳（管理部门领用）	40 个/箱	箱	70	70	40.00	2 800.00
合计				250	250		¥ 17 600.00

财务主管：冯娟　　记账：杨小玲　　仓管主管：戴丙阳　　领料：张勇　　发料：叶平

图表 2-1-133　领料单 5

领料部门：营销部等

用途：　　　　　　　　　　2021 年 12 月 25 日　　　　　　　　　编号：005

材料编号	材料名称	规格	计量单位	数量		成本	
				请领	实发	单价（元）	金额（元）
	灯珠（营销部领用）	40 个/箱	箱	40	40	160.00	6 400.00
	射灯外壳（质检车间领用）	40 个/箱	箱	30	30	40.00	1 200.00
	铝合金（质检车间领用）	40 个/箱	箱	30	30	80.00	2 400.00
	筒灯外壳（二车间一般领用）	40 个/箱	箱	20	20	20.00	400.00
合计				120	120		¥ 10 400.00

财务主管：冯娟　　记账：杨小玲　　仓管主管：戴丙阳　　领料：张勇　　发料：叶平

要求：安耐公司当月生产筒灯 2 500 箱、射灯 1 250 箱（筒灯和射灯均为 40 个/箱）。一车间生产筒灯和射灯共耗用铝合金 500 箱，每箱为 320 千克，成本共计 40 000 元。筒灯单件原材料消耗定额为 0.88 千克，射灯单件原材料消耗定额为 1.44 千克。根据上述资料编制当月材料耗用汇总表（见图表 2-1-134）和材料耗用分配汇总表（见图表 2-1-135）。

图表 2-1-134　材料耗用汇总表

2021 年 12 月 30 日

领料部门	用途	材料名称	计量单位	数量	单价（元）	金额（元）
一车间	生产领用					
	生产领用					
	生产领用					
	生产领用					
	小计					
二车间	生产领用					
	生产领用					
	生产领用					
	生产领用					
	小计					
二车间	一般耗用					
机修车间	一般耗用					
质检车间	一般耗用					
	一般耗用					
	小计					
在建工程部	一般耗用					
人事行政部	一般耗用					
营销部	一般耗用					
合计						

制表：　　　　　　　　　　　　　　审核：

图表 2-1-135　材料耗用分配汇总表

2021 年 12 月 30 日

类别 \ 分配		直接计入材料（元）	分配计入材料			材料费合计（元）
			分配标准（消耗定额）（千克/个）	分配率	分配金额（元）	
一车间耗用	筒灯					
	射灯					
	小计					
二车间耗用	组合灯					
二车间一般耗用						
机修车间耗用						
质检车间耗用						
在建工程部耗用						
人事行政部耗用						
营销部耗用						
合计						

制表：　　　　　　　　　　　　　　　　审核：

［业务 59］12 月 30 日，安耐公司有关部门领用包装物。根据上述资料填写包装物耗用汇总表（见图表 2-1-136），采用实际成本加权平均法计算领用包装物平均单价。

图表 2-1-136　包装物耗用汇总表

2021 年 12 月 30 日

领料部门	包装物名称	单位	数量	平均单价（元）	金额（元）
一车间	胶盒	个	140 000		
	纸盒	个	85 000		
	小计				
二车间	胶盒	个	40 000		
	纸盒	个	20 000		
	小计				
质检车间	胶盒	个	500		
	纸盒	个	750		
	小计				
合计					

制表：　　　　　　　　　　　　　　　　审核：

［业务 60］12 月 30 日，安耐公司有关部门领用低值易耗品，根据上述资料填写低值易耗品耗用汇总表（见图表 2-1-137）。

图表 2-1-137　低值易耗品耗用汇总表

2021 年 12 月 30 日

领料部门	品名	单位	数量	平均单价（元）	金额（元）
一车间	宣传小报	张	5 000		
二车间	宣传小报	张	2 200		
机修车间	宣传小报	张	2 000		
营销部	宣传小报	张	25 000		
办公室	宣传小报	张	3 000		
人事行政部	宣传小报	张	10 000		
合计					

制表：　　　　　　　　　　　　　　　　　审核：

［业务 61］12 月 30 日，安耐公司结转发出材料成本差异。根据上述资料填写材料成本差异计算表（见图表 2-1-138）和发出材料成本差异分配表（见图表 2-1-139），差异率保留 5 位小数。

图表 2-1-138　材料成本差异计算表

2021 年 12 月 30 日　　　　　　　　　　　　金额单位：元

材料名称	月初结存计划成本	本月入库计划成本	月初结存材料差异额	本月入库材料差异额	差异率	本期入库材料实际成本
原材料						
合计						

制表：　　　　　　　　　　　　　　　　　审核：

图表 2-1-139　发出材料成本差异分配表

2021 年 12 月 30 日　　　　金额单位：元

类别 \ 成本差异		耗用材料计划成本	差异计算			备注
			差异率	应分摊差异	实际成本	
一车间耗用	筒灯					
	射灯					
	小计					
二车间耗用	组合灯					
二车间一般耗用						
机修车间耗用						
质检车间耗用						
在建工程部耗用						
人事行政部耗用						
营销部耗用						
合计						

制表：　　　　审核：

［业务 62］12 月 30 日，安耐公司盘点存货。相关存货盘盈盘亏报告单见图表 2-1-140。

图表 2-1-140　存货盘盈盘亏报告单

2021 年 12 月 30 日

存货名称	单位	单价（元）	数量		盘盈			盘亏			备注
			账存	实存	数量	单价（元）	金额（元）	数量	单价（元）	金额（元）	
射灯	箱	440.00						1	440.00	440.00	生产筒灯、射灯耗用的原材料进项税额为 59.80 元
筒灯	箱	320.00						1	320.00	320.00	
合计										¥ 760.00	

财务主管：冯娟　　　　仓库主管：戴丙阳　　　　仓库管理员：吴小双

经审查确认，安耐公司发布了处理通知单，具体如下：

存货盘盈盘亏审查处理通知单

经审查确认盘亏筒灯和射灯各1箱，系管理不当被盗所致，应由仓库管理员吴小双赔偿300元，保险公司理赔300元（赔款正在处理中），余下部分由企业承担损失。

广州安耐灯具有限责任公司

2021年12月30日

相关收据见图表2-1-141。

图表 2-1-141　收据

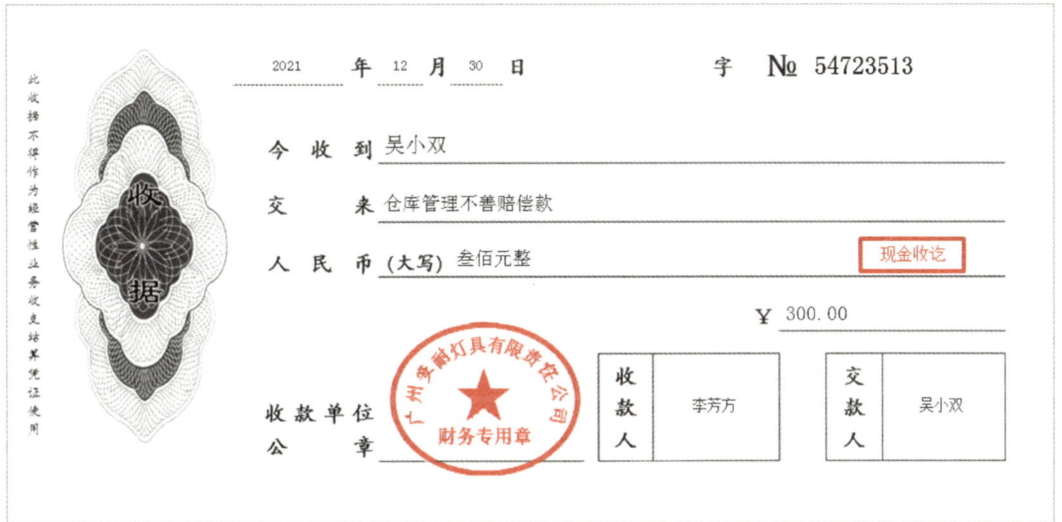

此收据不得作为经营性业务收支结算凭证使用

收据

2021 年 12 月 30 日　　字　№ 54723513

今 收 到　吴小双

交　　来　仓库管理不善赔偿款

人 民 币（大写）叁佰元整　　现金收讫

¥ 300.00

收款单位公章：广州安耐灯具有限责任公司 财务专用章

收款人：李芳方　　交款人：吴小双

［业务63］12月31日，安耐公司分配财产保险费。相关财产保险费摊销明细表见图表2-1-142。

图表 2-1-142　财产保险费摊销明细表

2021年12月31日

预付费用项目	财产保险费（元）	备注
基本生产车间——一车间	2 000.00	
基本生产车间——二车间	1 000.00	
机修车间	800.00	
质检车间	700.00	
营销部	2 000.00	
人事行政部	3 500.00	
合计	¥10 000.00	

制表：王静　　　　审核：冯娟

［业务 64］12 月 31 日，安耐公司盘点库存现金。相关报告单见图表 2-1-143。

图表 2-1-143　库存现金盘点报告单

单位名称：广州安耐灯具有限责任公司　日期：2021 年 12 月 31 日　　单位：元

账面金额	实存金额	清查结果		备注
		长款	短款	
		260.00		
现金使用情况				
处理决定				

记账联

财务主管：冯娟　　盘点人员签字：杨小玲　　出纳人员签字：李芳方

［业务 65］12 月 31 日，安耐公司财务部更正错账。相关错账更正审批表见图表 2-1-144。该错账发生在上一年度，应先调整“以前年度损益调整”账户，并在调整“应交税费”账户后调整“利润分配——未分配利润”等账户。

图表 2-1-144　错账更正审批表

2021 年 12 月 31 日

错账摘要	错账金额（元）	错账原因
2020 年少计提管理部门固定资产折旧费	3 500.00	因疏忽漏计提
处理意见	进行错账更正	

制表：王静　　审批：林逸之　　复核：　　主管：冯娟

［业务 66］12 月 31 日，安耐公司分配电费。相关增值税发票见图表 2-1-145，托收凭证见图表 2-1-146。

图表 2-1-145　增值税发票

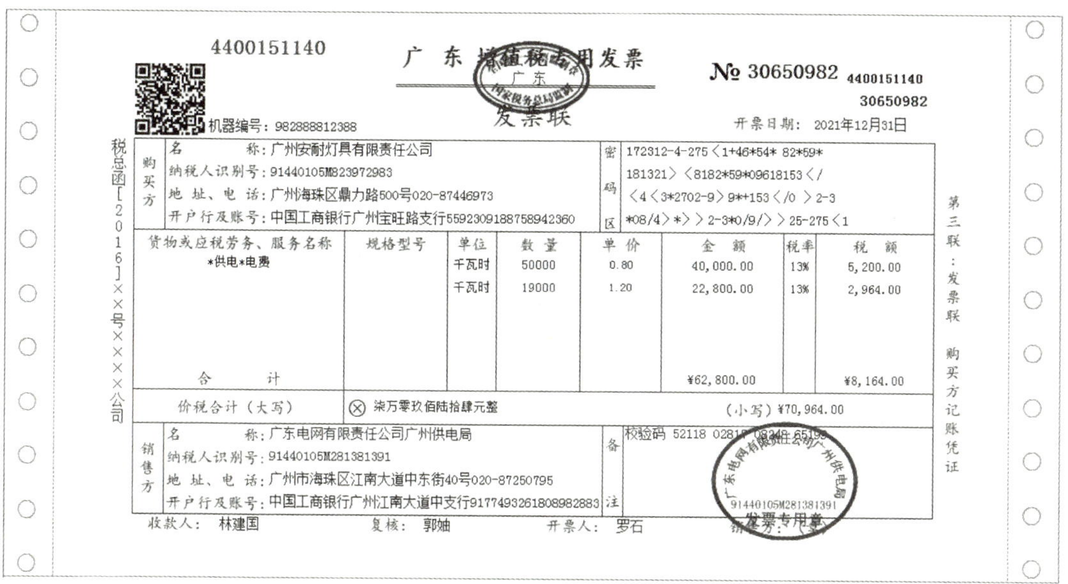

4400151140　　广东增值税专用发票　　№ 30650982　4400151140　30650982

发票联

机器编号：982888812388　　开票日期：2021年12月31日

税总函[2016]××号×××公司

购买方	名称：广州安耐灯具有限责任公司 纳税人识别号：91440105M823972983 地址、电话：广州海珠区鼎力路500号020-87446973 开户行及账号：中国工商银行广州宝旺路支行5592309188758942360			密码区	172312-4-275＜1+46*54* 82*59* 181321＞＜8182*59*09618153＜/ ＜4＜3*2702-9＞9*+153＜/0 ＞2-3 *08/4＞*＞＞2-3*0/9/＞＞25-275＜1		
货物或应税劳务、服务名称	规格型号	单位	数量	单价	金额	税率	税额
*供电*电费		千瓦时	50000	0.80	40,000.00	13%	5,200.00
		千瓦时	19000	1.20	22,800.00	13%	2,964.00
合计					¥62,800.00		¥8,164.00
价税合计（大写）	⊗柒万零玖佰陆拾肆元整				（小写）¥70,964.00		
销售方	名称：广东电网有限责任公司广州供电局 纳税人识别号：91440105M281381391 地址、电话：广州市海珠区江南大道中东街40号020-87250795 开户行及账号：中国工商银行广州江南大道中支行9177493261808982883			备注	校验码 52118 02817 08248 65198		

收款人：林建国　　复核：郭蚰　　开票人：罗石　　销售方：（章）

第三联：发票联　购买方记账凭证

图表 2-1-146　托收凭证

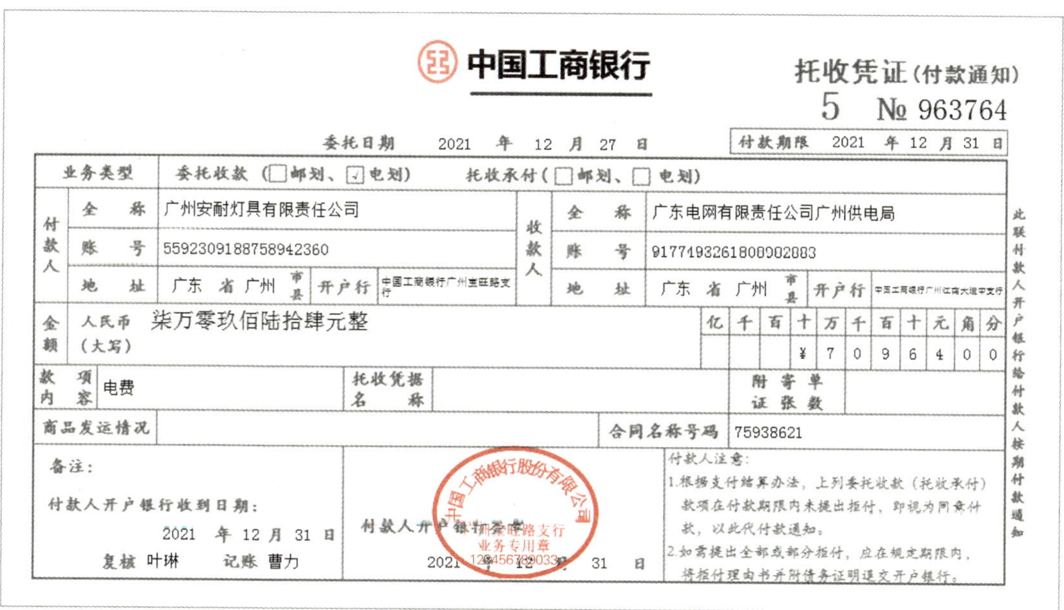

中国工商银行　　托收凭证（付款通知）　5　№ 963764

委托日期 2021 年 12 月 27 日　　付款期限 2021 年 12 月 31 日

业务类型	委托收款（□邮划、☑电划）　托收承付（□邮划、□电划）					
付款人	全称	广州安耐灯具有限责任公司	收款人	全称	广东电网有限责任公司广州供电局	
	账号	5592309188758942360		账号	9177493261808982883	
	地址	广东省广州市县　开户行 中国工商银行广州宝旺路支行		地址	广东省广州市县　开户行 中国工商银行广州江南大道中支行	
金额	人民币（大写）柒万零玖佰陆拾肆元整				亿千百十万千百十元角分：¥7096400	
款项内容	电费	托收凭据名称		附寄单证张数		
商品发运情况				合同名称号码	75938621	
备注： 付款人开户银行收到日期： 2021 年 12 月 31 日 复核 叶琳　记账 曹力	付款人开户银行签章 2021 年 12 月 31 日		付款人注意： 1.根据支付结算办法，上列委托收款（托收承付）款项在付款期限内未提出拒付，即视为同意付款，以此代付款通知。 2.如需提出全部或部分拒付，应在规定期限内，将拒付理由书并附债务证明退交开户银行。			

此联付款人开户银行给付款人按期付款通知

要求：根据上述资料填写各部门用电费用分配表（见图表 2-1-147）。

图表 2-1-147　各部门用电费用分配表

2021 年 12 月 31 日

耗用部门	类别	耗用量（千瓦时）	分配率（按耗电量分配）	单价（元）	金额（元）
一车间	生产筒灯耗用	18 000		0.80	
	生产射灯耗用	22 000		0.80	
	小计	40 000			
一车间	一般耗用	2 000		1.20	
二车间	生产组合灯耗用	10 000		0.80	
二车间	一般耗用	1 000		1.20	
机修车间	一般耗用	5 000		1.20	
质检车间	一般耗用	1 500		1.20	
在建工程部	一般耗用	3 500		1.20	
营销部	一般耗用	2 500		1.20	
人事行政部	一般耗用	3 500		1.20	
合计		69 000			

制表：　　　　　　　　　　　　　　　　审核：

［业务 67］12 月 31 日，安耐公司分配水费。相关增值税发票见图表 2-1-148，各部门用水费用分配表见图表 2-1-149，托收凭证见图表 2-1-150。

图表 2-1-148　增值税发票

4400151140　　广东增值税专用发票　　№ 26611852　4400151140　26611852

发票联

机器编号：982888812388　　　　开票日期：2021年12月29日

税总函[2016]××号××××公司

购买方	名称：广州安耐灯具有限责任公司 纳税人识别号：91440105M823972983 地址、电话：广州海珠区鼎力路500号020-87446973 开户行及账号：中国工商银行广州宝旺路支行5592309188758942360	密码区	172312-4-275<1+46*54* 82*59* 181321><8182*59*09618153</ <4<3*2702-9>9*+153</0 >2-3 *08/4>*>>2-3*0/9/>>25-275<1

货物或应税劳务、服务名称	规格型号	单位	数量	单价	金额	税率	税额
*水冰雪*水费		吨	220	4.00	880.00	9%	79.20
合计					¥880.00		¥79.20
价税合计（大写）	⊗玖佰伍拾玖元贰角整				（小写）¥959.20		

销售方	名称：广州市自来水厂 纳税人识别号：91440104M117776496 地址、电话：广州市越秀区东风东路8号020-833650947 开户行及账号：中国工商银行广州东风东路支行8430344227770614265	备注	校验码 52118 0281[illegible] 08248 651[illegible]

收款人：李兴国　　复核：吴姣　　开票人：黄山　　销售方：（章）

第三联：发票联　购买方记账凭证

图表 2-1-149　各部门用水费用分配表

2021 年 12 月 31 日

耗用部门	耗用量（吨）	单价（元）	金额（元）
一车间	50	4.00	200.00
二车间	30	4.00	120.00
机修车间	20	4.00	80.00
质检车间	18	4.00	72.00
在建工程部	32	4.00	128.00
营销部	30	4.00	120.00
人事行政部	40	4.00	160.00
合计	220	—	880.00

制表：王静　　　　审核：冯娟

图表 2-1-150　托收凭证

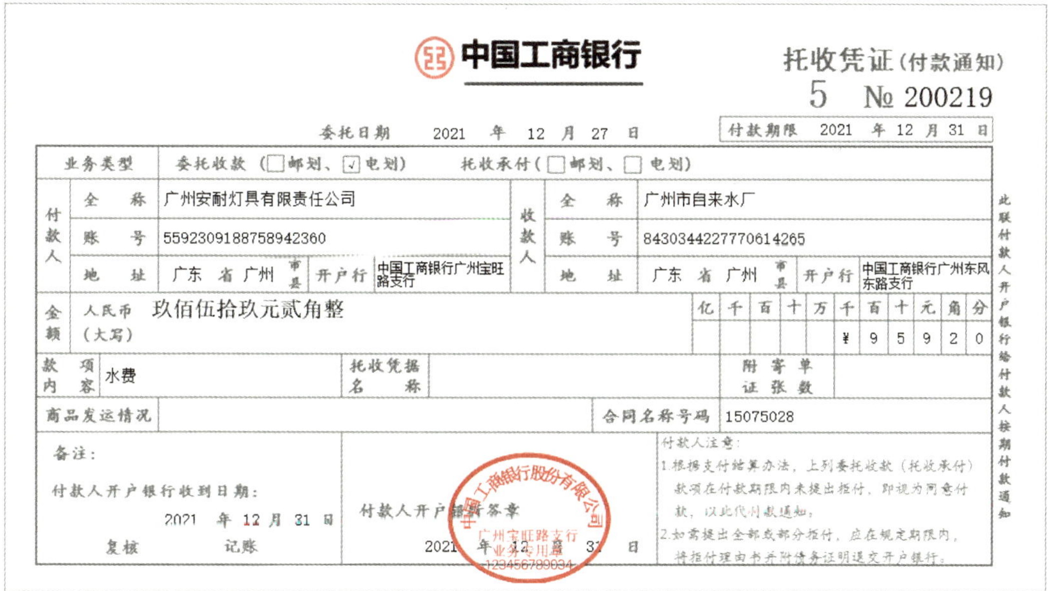

中国工商银行　　托收凭证（付款通知）　5　№ 200219

委托日期 2021 年 12 月 27 日　　付款期限 2021 年 12 月 31 日

业务类型	委托收款（□邮划、☑电划）　托收承付（□邮划、□电划）		
付款人 全称	广州安耐灯具有限责任公司	收款人 全称	广州市自来水厂
账号	5592309188758942360	账号	8430344227770614265
地址	广东省广州市/县　开户行：中国工商银行广州宝旺路支行	地址	广东省广州市/县　开户行：中国工商银行广州东风东路支行
金额 人民币（大写）	玖佰伍拾玖元贰角整	亿千百十万千百十元角分	¥ 9 5 9 2 0
款项内容	水费	托收凭据名称	附寄单证张数
商品发运情况		合同名称号码	15075028

备注：

付款人开户银行收到日期：2021 年 12 月 31 日

复核　　记账

付款人开户银行签章　2021 年 12 月 31 日

（印章：中国工商银行股份有限公司 广州宝旺路支行 业务专用章 123456789034）

付款人注意：

1. 根据支付结算办法，上列委托收款（托收承付）款项在付款期限内未提出拒付，即视为同意付款，以此代付款通知。
2. 如需提出全部或部分拒付，应在规定期限内，将拒付理由书并附债务证明退交开户银行。

此联付款人开户银行给付款人按期付款通知

［业务 68］12 月 31 日，安耐公司计提折旧。相关固定资产折旧计算表见图表 2-1-151。

图表 2-1-151　固定资产折旧计算表[①]

2021 年 12 月 31 日　　单位：元

折旧部门	房屋建筑物（折旧率为 3‰）		机器及其他设备（折旧率为 8‰）		运输设备（折旧率为 4‰）		折旧额合计
	原值	折旧额	原值	折旧额	原值	折旧额	
一车间	800 000	2 400	1 000 000[②]	8 000			10 400
二车间	500 000	1 500	600 000	4 800			6 300
机修车间	250 000	750	450 000	3 600			4 350
质检车间	150 000	450	100 000	800			1 250
营销部	100 000	300	60 000	480			780
人事行政部	200 000	600	250 000	2 000	200 000	800	3 400
合　计	2 000 000	6 000	2 460 000	19 680	200 000	800	26 480

制表：王静　　审核：冯娟

注：①本月增加的固定资产，本月不计提折旧，下月才计提；本月减少的固定资产转为投资性房地产，不计提本月折旧。

②已扣除本月减少的转作投资性房地产的办公楼价值。

［业务 69］ 12 月 31 日，安耐公司盘点库存现金，作盘盈处理。相关报告单见图表 2-1-152。

图表 2-1-152　库存现金盘点报告单

单位名称：广州安耐灯具有限责任公司　日期：2021 年 12 月 31 日　　单位：元

账面金额	实存金额	清查结果		备注
		长款	短款	
4 835. 66	5 095. 66	260. 00		
现金使用情况				
处理决定	经核查，盘盈现金 260 元属于原因不明长款，转作营业外收入处理			

记账联

财务主管：冯娟　　盘点人员签字：杨小玲　　出纳人员签字：李芳方

［业务 70］12 月 31 日，安耐公司分配辅助生产费用。相关辅助生产提供劳务明细表见图表 2-1-153。

图表 2-1-153　辅助生产提供劳务明细表

2021 年 12 月 31 日　　单位：工时

辅助生产部门	各受益部门耗用劳务量										
	机修车间	质检车间	生产筒灯	生产射灯	一车间一般耗用	生产组合灯	二车间一般耗用	营销部	在建工程部	人事行政部	合计
质检车间	200		1 800	800	150	400	50	80		250	3 730
机修车间		340	1 600	1 400	300	550	120	350	100	300	5 060

制表：王静　　审核：冯娟

要求：根据上述资料填写辅助生产费用分配表（见图表 2-1-154）。采用直接分配法分配辅助生产费用。分配率保留 4 位小数，尾差记入最后一个对象。

图表 2-1-154　辅助生产费用分配表

2021 年 12 月 31 日

受益部门		机修车间			质检车间			合计
		分配费用（元）：			分配费用（元）：			
		分配数量（工时）	分配率	分配金额（元）	分配数量（工时）	分配率	分配金额（元）	
一车间	筒灯							
	射灯							
	小计							
二车间	组合灯							
营销部								
在建工程部								
人事行政部								
合计								

制表：　　审核：

［业务 71］12 月 31 日，安耐公司结转制造费用。相关制造费用分配表见图表 2-1-155。

图表 2-1-155　制造费用分配表

2021 年 12 月 31 日

产品名称	一车间费用合计数（元）：			二车间费用合计数（元）：	备注
	生产工时	分配率	分配金额（元）		
筒灯	1 700				分配率保留 4 位小数
射灯	900				
小计	2 600				
组合灯					

制表：王静　　　　　　　　　　　　审核：冯娟

［业务 72］12 月 31 日，安耐公司结转完工产品入库成本。相关 12 月产量记录见图表 2-1-156。

图表 2-1-156　12 月产量记录

2021 年 12 月 31 日　　　　　　　　单位：箱

分类	一车间		二车间
	筒灯	射灯	组合灯
月初在产品	100	40	—
本月投产	2 500	1 500	600
本月完工产品	2 550	1 520	590
月末在产品	50	20	10
在产品完工程度	50%	50%	50%

制表：王静　　　　　　　　　　　　审核：冯娟

注：①原材料为投产时一次性投入。

②本月二车间试行投产新产品组合灯，直接从一车间领取筒灯 600 箱、射灯 600 箱。其余产品由一车间验收入库。

③完工产品入库时以个为单位，筒灯和射灯均为每箱 40 个，组合灯为每箱 50 个。

要求：根据上述资料填写有关产品成本计算单（见图表 2-1-157、图表 2-1-158 和图表 2-1-159）、单位成本计算表（见图表 2-1-160）。产品成本计算单中产品单位成本每箱保留 4 位小数，尾差记入最后一个对象。单位成本计算表中单位成本（每个）保留 2 位小数，尾差记入最后一个对象。

图表 2-1-157　产品成本计算单（筒灯）

产品名称：筒灯　　2021 年 12 月 31 日　　金额单位：元

项目		数量	直接材料	直接人工	制造费用	合计
月初在产品成本						
本月发生费用						
生产费用合计						
约当产量						
单位成本						
完工产品成本						
其中	转入二车间					
	完工入库					
月末在产品成本						

制表：　　审核：

图表 2-1-158　产品成本计算单（射灯）

产品名称：射灯　　2021 年 12 月 31 日　　金额单位：元

项目		数量	直接材料	直接人工	制造费用	合计
月初在产品成本						
本月发生费用						
生产费用合计						
约当产量						
单位成本						
完工产品成本						
其中	转入二车间					
	完工入库					
月末在产品成本						

制表：　　审核：

图表 2-1-159 产品成本计算单（组合灯）

产品名称：组合灯　　2021 年 12 月 31 日　　金额单位：元

项目	数量	直接材料	直接人工	制造费用	合计
月初在产品成本					
筒灯转入					
射灯转入					
本月发生费用					
生产费用合计					
约当产量					
单位成本					
完工产品成本					
月末在产品成本					

制表：　　审核：

图表 2-1-160 单位成本计算表

2021 年 12 月 31 日　　单位：元

产品名称	筒灯（　）箱			射灯（　）箱			组合灯（　）箱		
	总成本	单位成本		总成本	单位成本		总成本	单位成本	
		每箱	每个		每箱	每个		每箱	每个
直接材料									
直接人工									
制造费用									
合计									

制表：　　审核：

［业务 73］12 月 31 日，安耐公司计算长期股权投资损益调整。相关调整计算表见图表 2-1-161。

图表 2-1-161 长期股权投资损益调整计算表

2021 年 12 月 31 日

投资项目	持股数量（股）	持股比例（%）	被投资方 2021 年净利润（元）	应享有的权益份额（股）	核算方法
百邦科技			1 000 000.00		权益法

财务主管：冯娟　　复核：　　制表：王静

注：持股比例按整数计算，不保留小数。

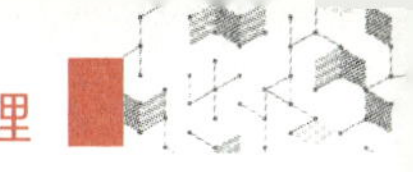

［业务 74］12 月 31 日，安耐公司在建工程竣工结算。相关厂房扩建工程竣工结算单见图表 2-1-162，厂房扩建工程验收报告单见图表 2-1-163。

图表 2-1-162　厂房扩建工程竣工结算单

2021 年 12 月 31 日

摘要	金额（元）	备注
期初余额	419 447.00	厂房扩建工程始于本年 9 月，厂房原值 35 万元，已提折旧 1 万元，扩建过程中被替换部分的账面价值 3 万元
本期发生额：		
①分配办公费		
②购基建材料		
③工资及职工福利费		
④工会经费及职工教育经费		
⑤社保及住房公积金		
⑥领用原材料		
⑦结转材料成本差异		
⑧电费		
⑨水费		
⑩机修费		
⑪其他		
本期发生额合计		
工程总发生费用合计		

制表：　　　　　　　　　　　　　　　　　审核：

图表 2-1-163　厂房扩建工程验收报告单

2021 年 12 月 31 日　　　　　　　　　　　　单位：元

项目名称	施工单位	原值	已提折旧	扩建过程中被替换部分的账面价值
厂房扩建工程	本厂施工队	350 000.00	10 000.00	30 000.00
扩建工程费用总额			扩建后入账价值	
工程验收小组意见	工程质量符合预定要求			
施工单位意见	同意验收结论	使用部门意见	质量合格，同意使用	

［业务 75］12 月 31 日，安耐公司收到佛山安华灯饰公司补付的货款。该公司在前面第 32 笔经济业务中曾购买筒灯、射灯，此次补齐余款。相关转账支票见图表 2-1-164。

图表 2-1-164　转账支票

中国工商银行　转账支票　10204420
48293563

付款期限自出票之日起十天

出票日期（大写）　贰零贰壹　年　壹拾贰　月　叁拾壹　日　　付款行名称：中国银行佛山同济路办
收款人：广州安耐灯具有限责任公司　　出票人账号：014203158875

人民币（大写）	亿	千	百	十	万	千	百	十	元	角	分
叁拾壹万贰仟玖佰玖拾元整			¥	3	1	2	9	9	0	0	0

用途　购货　　密码　8052374428558701
上列款项请从
我账户内支付
出票人签章　（佛山安华灯饰公司 财务专用章）（梁姣 印）　　复核　　记账

要求：根据上述资料填写银行进账单（见图表 2-1-165）。

图表 2-1-165　中国工商银行进账单（收账通知）

年　　月　　日　　　　No. 23114948

出票人	全　称		收款人	全　称	
	账　号			账　号	
	开户银行			开户银行	

金额	人民币（大写）	亿	千	百	十	万	千	百	十	元	角	分

票据种类		票据张数		
票据号码				
复核　　记账				收款人开户银行签章

此联是收款人开户银行交给收款人的收账通知

［业务 76］12 月 31 日，安耐公司收到长期股权投资所获股利。相关现金股利派发通知单如下：

现金股利派发通知单

广州安耐灯具有限责任公司：

根据本公司股东大会决议，决定向2021年年末在册全体股东派发2021年度现金股利，每股派发2.00元（含税）。贵公司按股额86 000股，总计应派发172 000元整。

北京百华悦邦科技股份有限公司

2021年12月31日

相关电汇凭证见图表2-1-166。

图表2-1-166　电汇凭证

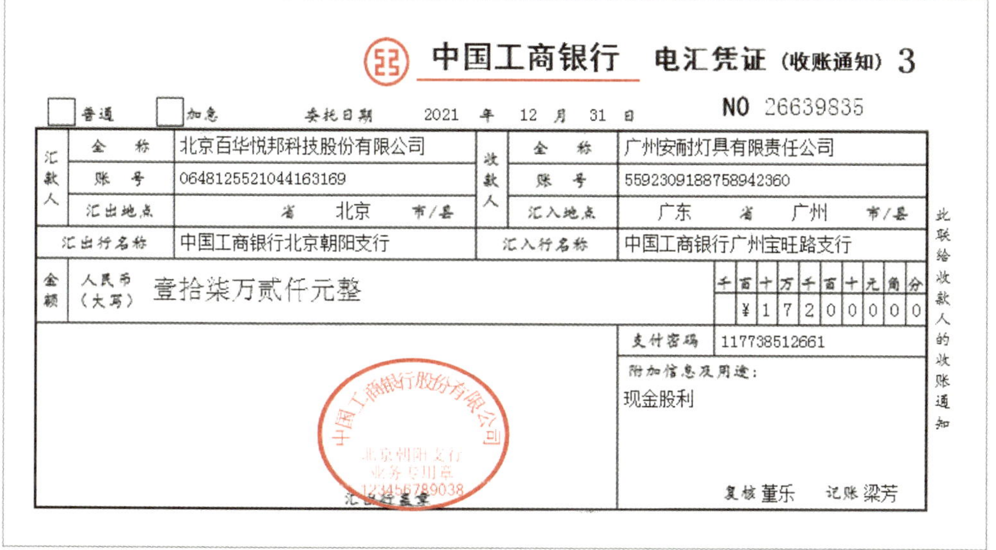

中国工商银行　电汇凭证（收账通知）3

□普通　□加急　委托日期 2021年12月31日　NO 26639835

汇款人	全称	北京百华悦邦科技股份有限公司	收款人	全称	广州安耐灯具有限责任公司
	账号	0648125521044163169		账号	5592309188758942360
	汇出地点	省 北京 市/县		汇入地点	广东 省 广州 市/县
汇出行名称		中国工商银行北京朝阳支行	汇入行名称		中国工商银行广州宝旺路支行
金额	人民币（大写）	壹拾柒万贰仟元整		千百十万千百十元角分	¥17200000
汇出行签章			支付密码		117738512661
			附加信息及用途：		现金股利
				复核 董乐	记账 梁芳

此联给收款人的收账通知

［业务77］12月31日，安耐公司无形资产研发完成。相关说明如下：

内部研发费用予以资本化说明

从2021年1月起，广州安耐灯具有限责任公司开始研发新的产品——LED探照灯，相关研究开发费用33 900元已计入发生期间的开发支出。开发支出中工资费用为20 000元，材料费为13 900元。

本月已完成了全部计划、设计和测试活动，经专家鉴定可以投入生产。经测定，本月发生的费用符合开发阶段的研发支出条件，决定予以资本化，转为无形资产。

广州安耐灯具有限责任公司

2021年12月31日

相关付款报告单见图表2-1-167，聘请专家代扣代缴个人所得税计算表见图表2-1-168。

图表 2-1-167 付款报告单

部门：财务部　　2021 年 12 月 31 日　　编号：

开支内容	金额（元）	结算方式
支付张海鉴定费	￥10 000.00	现金支票
支付陈平鉴定费	￥10 000.00	
合计	￥20 000.00	
合计：（大写）贰万元整		

财务主管：冯娟　　单位负责人：李文君　　出纳：李芳方　　经办人：杨小玲

图表 2-1-168 聘请专家代扣代缴个人所得税计算表

2021 年 12 月 31 日

专家姓名	所得项目	支付金额（元）	计税基础（元）	税率	个人所得税（元）	实付金额（元）
张海	劳务所得——鉴定费	10 000.00	8 000.00	20%	1 600.00	8 400.00
陈平	劳务所得——鉴定费	10 000.00	8 000.00	20%	1 600.00	8 400.00
合计		20 000.00	16 000.00	—	3 200.00	16 800.00

审核：冯娟　　制表：王静

注：①劳务报酬应纳税额(4 000 元以内)=(劳务报酬-800)×20%

②劳务报酬应纳税额(超过 4 000 元)=劳务报酬×(1-20%)×税率-速算扣除数

公司以现金支票方式支付专家鉴定费用，相关支票存根见图表 2-1-169 和图表 2-1-170。

图表 2-1-169 支票存根 1

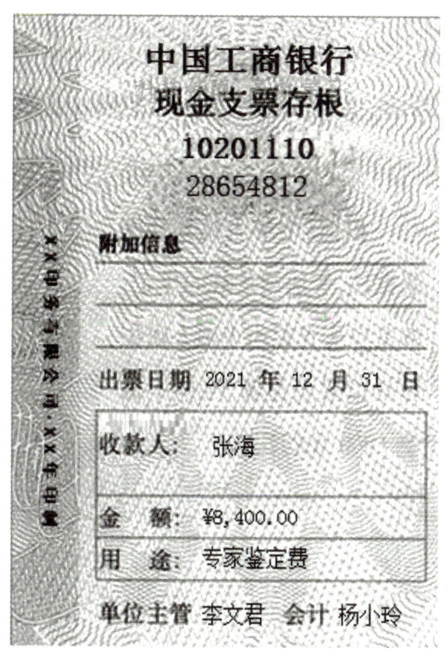

中国工商银行
现金支票存根
10201110
28654812

××印务有限公司·××年印制

附加信息

出票日期 2021 年 12 月 31 日

收款人：	张海
金　额：	¥8,400.00
用　途：	专家鉴定费

单位主管 李文君　会计 杨小玲

图表 2-1-170 支票存根 2

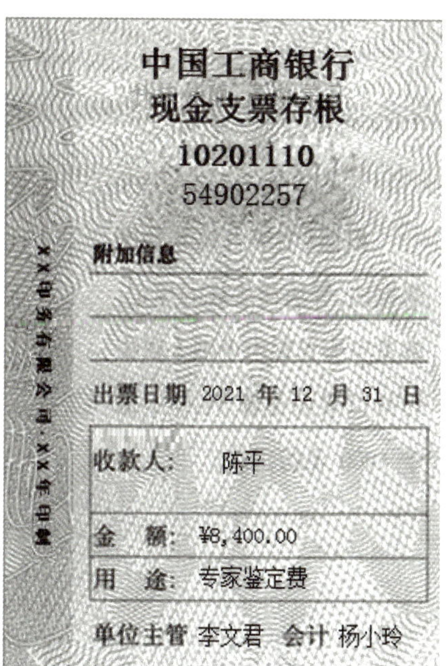

中国工商银行
现金支票存根
10201110
54902257

××印务有限公司·××年印制

附加信息

出票日期 2021 年 12 月 31 日

收款人：	陈平
金　额：	¥8,400.00
用　途：	专家鉴定费

单位主管 李文君　会计 杨小玲

要求：根据上述资料填写资本化研发费用计算表（见图表 2-1-171）。本期发生的研发费用及期初的研发费用转入“无形资产”账户，按使用期 10 年进行摊销。

图表 2-1-171 资本化研发费用计算表

2021 年 12 月 31 日 单位：元

项目名称	工资费用（含附加）	材料	其他费用（专家鉴定费）	合计
LED 探照灯				

制表： 审核：

［业务 78］12 月 31 日，安耐公司计算资产负债表日投资性房地产、交易性金融资产、其他权益工具投资的公允价值变动。相关《资产评估报告书》（摘要）如下：

资产评估报告书（摘要）

一、评估目的：对投资性房地产进行期末估值。

二、评估范围与对象：广州安耐灯具有限责任公司拥有的位于广州市海珠区鼎力路 500 号的办公楼。

三、评估基准日：2021 年 12 月 27 日。

四、评估原则：遵循独立性、客观性、科学性、专业性的工作原则。

五、评估方法：市场法。

六、评估结论：根据 2021 年 12 月 27 日市场情况，本项目评估对象价值为 5 500 000.00 元（伍佰伍拾万元整）。

七、报告日期：2021 年 12 月 31 日。

以上内容摘自《资产评估报告书》，欲了解本评估项目的全面情况，请认真阅读《资产评估报告书》全文。

广州岭峰资产评估事务所

法定代表人：赵建明

注册资产评估师：胡月华

万方

2021 年 12 月 31 日

要求：根据上述资料填写公允价值变动计算单（见图表 2-1-172）。其中，交易性金融资产福辉玻璃公司股票的期末收盘价为每股 25.50 元，其他权益工具投资东方电子公司股票的期末收盘价为每股 4.50 元，其他权益工具投资的公允价值变动计入“其他综合收益”账户。百华悦邦公司股票为长期股权投资，不采用公允价值模式计量。

图表 2-1-172　公允价值变动计算单

金额单位：元

项目	期初数量	期初公允价值	本期增（减）数量	本期增（减）公允价值	期末收盘价	期末公允价值	公允价值变动额（损益）

制表：　　　　　　　　　　　　　　　审核：

［业务 79］12 月 31 日，安耐公司发生坏账，无法收回。相关坏账损失确认通知如下：

坏账损失确认通知

因广州红星商场经营出现困难，所欠本公司合计¥ 3 000.00 元已逾期三年，经多次催款无果。现该企业濒临破产，所欠本公司合计¥ 3 000.00 元已经无法收回。经总经理批准，该笔应收款确认为坏账，予以注销。

广州安耐灯具有限责任公司

单位负责人：李文君　　财务负责人：冯娟

日期：2021 年 12 月 31 日

［业务 80］12 月 31 日，安耐公司统计本月赊销业务。相关销售单见图表 2-1-173 至图表 2-1-175，各单均已发货但未收款。

图表 2-1-173　销售单 1

购货单位：汕头市华新有限责任公司　地址和电话：汕头市太平路 15 号 0754-86236479　单据编号：7674

纳税人识别号：91440501M629668473　开户行及账号：中国银行汕头太平路支行 001510188283

制单日期：2021 年 12 月 31 日

编码	产品名称	规格	单位	数量	单价（元）	金额（元）	备注
	筒灯	40 个/箱	箱	900	800.00	720 000.00	不含税价
	射灯	40 个/箱	箱	500	1 000.00	500 000.00	不含税价
合计	人民币（大写）：壹佰贰拾贰万元整					¥ 1 220 000.00	

总经理：李文君　销售经理：徐子轩　经手人：向鑫　会计：杨小玲　签收人：王一

图表 2-1-174　销售单 2

购货单位：广州星艺装饰有限公司　　地址和电话：广州市白云区黄石路 18 号 020-86659482　　单据编号：6142
纳税人识别号：91440111M924987929　　开户行及账号：中国银行广州黄石路办 014203158331
制单日期：2021 年 12 月 31 日

编码	产品名称	规格	单位	数量	单价（元）	金额（元）	备注
	射灯	40 个/箱	箱	950	1 000.00	950 000.00	不含税价
	组合灯	50 个/箱	箱	200	2 000.00	400 000.00	不含税价
合计	人民币（大写）：壹佰叁拾伍万元整					¥ 1 350 000.00	

总经理：李文君　　销售经理：徐子轩　　经手人：向鑫　　会计：杨小玲　　签收人：方红菲

图表 2-1-175　销售单 3

购货单位：广州华联有限责任公司　地址和电话：广州市越秀区德政北路 122 号 020-84422194　　单据编号：5629
纳税人识别号：914401025135719200 开户行及账号：中国工商银行广州越秀支行 0332025781665521344
制单日期：2021 年 12 月 31 日

编码	产品名称	规格	单位	数量	单价（元）	金额（元）	备注
	筒灯	40 个/箱	箱	1 400	800.00	1 120 000.00	不含税价
	组合灯	50 个/箱	箱	300	2 000.00	600 000.00	不含税价
合计	人民币（大写）：壹佰柒拾贰万元整					¥ 1 720 000.00	

总经理：李文君　　销售经理：徐子轩　　经手人：向鑫　　会计：杨小玲　　签收人：李东东

要求：根据上述资料填制相应的增值税发票和出库单，填制用增值税发票见图表 2-1-176 至图表 2-1-178，出库单见图表 2-1-179 至图表 2-1-181。

图表 2-1-176　增值税发票 1

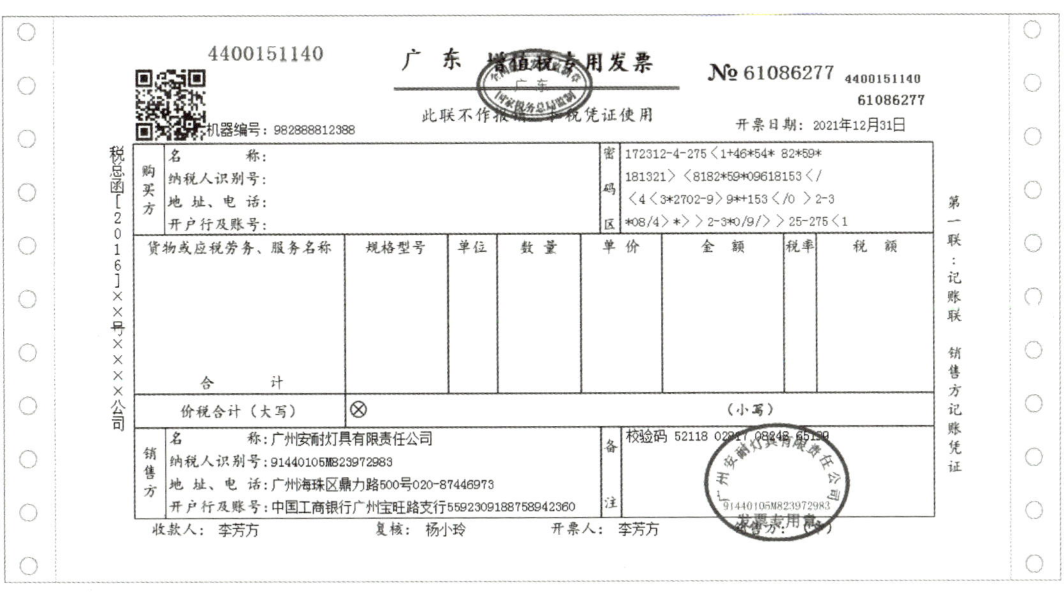

4400151140　　广东增值税专用发票　　№ 61086277　4400151140　61086277

此联不作报销、扣税凭证使用

机器编号：982888812388　　开票日期：2021年12月31日

购买方　名称：　纳税人识别号：　地址、电话：　开户行及账号：

密码区：172312-4-275 <1+46*54* 82*59* 181321> <8182*59*09618153 </ <4 <3*2702-9> 9*+153 </0 > 2-3 *08/4> *> > 2-3*0/9/> > 25-275 <1

货物或应税劳务、服务名称	规格型号	单位	数量	单价	金额	税率	税额
合计							
价税合计（大写）	⊗				（小写）		

销售方　名称：广州安耐灯具有限责任公司
纳税人识别号：914401O5M823972983
地址、电话：广州海珠区鼎力路500号020-87446973
开户行及账号：中国工商银行广州宝旺路支行5592309188758942360

备注：校验码 52118 02917 08248 65190

收款人：李芳方　　复核：杨小玲　　开票人：李芳方　　销售方：（章）

税总函[2016]××号×××公司

第一联：记账联　销售方记账凭证

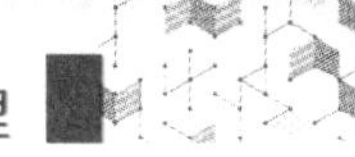

图表 2-1-177　增值税发票 2

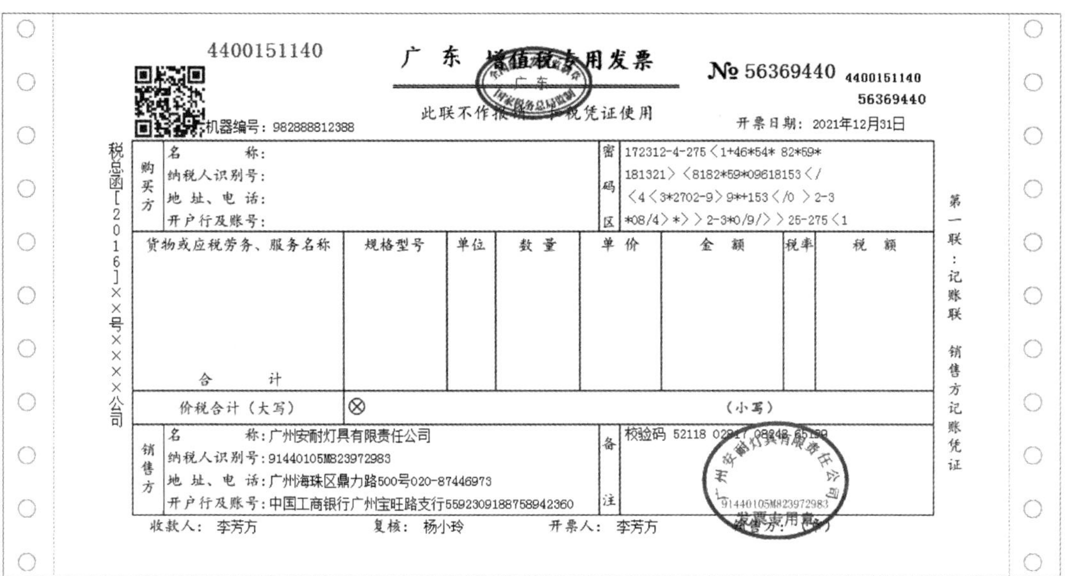

4400151140

广　东　增值税专用发票

№ 56369440　4400151140
56369440

此联不作报销、扣税凭证使用

机器编号：982888812388　　开票日期：2021年12月31日

税总函［2016］××号×××公司

购买方	名　　称： 纳税人识别号： 地 址、电 话： 开户行及账号：	密码区	172312-4-275〈1+46*54* 82*59* 181321〉〈8182*59*09618153〈/ 〈4〈3*2702-9〉9*+153〈/0 〉2-3 *08/4〉*〉〉2-3*0/9/〉〉25-275〈1

货物或应税劳务、服务名称	规格型号	单位	数 量	单 价	金 额	税率	税 额
合　　计							
价税合计（大写）	⊗				（小写）		

销售方	名　　称：广州安耐灯具有限责任公司 纳税人识别号：91440105M823972983 地 址、电 话：广州海珠区鼎力路500号020-87446973 开户行及账号：中国工商银行广州宝旺路支行5592309188758942360	备注	校验码 52118 02917 08248 65199

收款人：李芳方　　复核：杨小玲　　开票人：李芳方　　销售方：（章）

第一联：记账联　销售方记账凭证

图表 2-1-178　增值税发票 3

4400151140

广　东　增值税专用发票

№ 64818629　4400151140
64818629

此联不作报销、扣税凭证使用

机器编号：982888812388　　开票日期：2021年12月31日

税总函［2016］××号×××公司

购买方	名　　称： 纳税人识别号： 地 址、电 话： 开户行及账号：	密码区	172312-4-275〈1+46*54* 82*59* 181321〉〈8182*59*09618153〈/ 〈4〈3*2702-9〉9*+153〈/0 〉2-3 *08/4〉*〉〉2-3*0/9/〉〉25-275〈1

货物或应税劳务、服务名称	规格型号	单位	数 量	单 价	金 额	税率	税 额
合　　计							
价税合计（大写）	⊗				（小写）		

销售方	名　　称：广州安耐灯具有限责任公司 纳税人识别号：91440105M823972983 地 址、电 话：广州海珠区鼎力路500号020-87446973 开户行及账号：中国工商银行广州宝旺路支行5592309188758942360	备注	校验码 52118 02917 08248 65199

收款人：李芳方　　复核：杨小玲　　开票人：李芳方　　销售方：（章）

第一联：记账联　销售方记账凭证

图表 2-1-179 出库单 1

出货单位： 日期： 单号：

提货单位（部门）： 销售单号： 发货仓库： 出库日期：

编码	名称	规格	单位	数量		单价（元）	金额（元）
				应发	实发		
合计	人民币（大写）：						

会计联

部门经理： 会计： 仓库： 经办人：

图表 2-1-180 出库单 2

出货单位： 日期： 单号：

提货单位（部门）： 销售单号： 发货仓库： 出库日期：

编码	名称	规格	单位	数量		单价（元）	金额（元）
				应发	实发		
合计	人民币（大写）：						

会计联

部门经理： 会计： 仓库： 经办人：

图表 2-1-181 出库单 3

出货单位： 日期： 单号：

提货单位（部门）： 销售单号： 发货仓库： 出库日期：

编码	名称	规格	单位	数量		单价（元）	金额（元）
				应发	实发		
合计	人民币（大写）：						

会计联

部门经理： 会计： 仓库： 经办人：

［业务 81］12 月 31 日，安耐公司结转本月销售成本。根据上述资料填写库存商品平均单价计算表（见图表 2-1-182）和销售成本汇总表（见图表 2-1-183）。

图表 2-1-182　库存商品平均单价计算表

2021 年 12 月 31 日

存货名称	期初库存			本期完工入库			平均单价（元）
	数量（箱）	单价（元）	金额（元）	数量（箱）	单价（元）	金额（元）	
筒灯							
射灯							
组合灯							
合计							

制表：　　　　　　　　　　　　　　审核：

注：采用加权平均法计算主营业务成本，应先计算加权平均单价。

图表 2-1-183　销售成本汇总表

2021 年 12 月 31 日

产品名称	销售数量（箱）	单位成本（元）	销售成本（元）
筒灯			
射灯			
组合灯			
合计			

审核：冯娟　　　　　　　　　　　　　　制表：杨小玲

任务二　期末会计事项处理

【任务导入】

2021 年年末，安耐公司会计人员要对一系列期末会计事项进行处理，这些事项包括期末账项调整与利润核算以及对账与结账两大类，具体涉及十余项经济业务（具体见下文“任务实施”中的内容）。

【相关知识】

一、应收款项的减值损失

企业的各项应收款项可能因购货人拒付、破产、死亡等原因而导致无法收回或收回的可能性极小，这类应收款项就是坏账。企业因坏账而遭受的损失为坏账损失，企业核算坏账损失的方法有直接转销法和备抵法。我国有关会计制度规定，只能采用备抵法核算坏账损失，不得采用直接转销法核算坏账损失。

应收款项计提坏账准备的方法主要有余额百分比法、账龄分析法、赊销百分比法、个别认定法等几种方法。按照安耐公司会计制度，应收账款采用余额百分比法计提坏账，计提比例为2%，计算公式是：

当期应计提的坏账准备=当期按应收账款计算应提坏账准备金额-(或+)“坏账准备”账户贷方（或借方）余额

当期按应收账款计算应提坏账准备金额=当期“应收账款”账户期末余额×坏账计提比例

二、长期借款业务核算

长期借款是指企业向银行或其他金融机构借入的期限在一年以上（不含一年）或超过一年的一个营业周期以上的各项借款。

长期借款的业务核算主要涉及借入、应计利息和归还本息三部分内容，核算方法见图表2-2-1。

图表 2-2-1　长期借款业务核算方法

业务类型	核算方法
企业向银行借入长期借款，根据借款凭证核算	借：银行存款 　贷：长期借款
长期借款所发生的利息支出	借：管理费用（属于筹建期间） 　在建工程（固定资产尚未达到预定可使用状态前） 　财务费用（属于生产期间或者固定资产达到预定可使用状态后的利息支出） 　制造费用 　研发支出 　贷：长期借款——应计利息（到期一次还本付息） 　　应付利息（分期付息）
到期一次归还长期借款本息	借：长期借款——本金 　长期借款——应计利息 　贷：银行存款

三、资产负债表债务法

1. 定义

资产负债表债务法是从暂时性差异产生的本质出发，分析暂时性差异产生的原因及其对期末资产负债表影响的一种方法。

2. 特点

资产负债表债务法的注重点是分析暂时性差异而非永久性差异。当税率变动或税基变动时，必须按预期税率对“递延所得税负债”和“递延所得税资产”账户余额进行调整。也就是说，首先确定资产负债表上期末递延所得税资产（负债），然后倒推出利润表项目当期所得税费用。

3. 对可抵扣暂时性差异的理解

可抵扣暂时性差异是指在确定未来收回资产或清偿负债期间的应纳税所得额时，产生的可抵扣金额的暂时性差异。该差异在未来期间转回时会减少转回期间的应纳税所得额和未来期间的应交所得税。在可抵扣暂时性差异产生当期，应当确认相关的递延所得税资产。

4. 计息公式

企业当期应交所得税=应纳税所得额×所得税税率

四、税金及附加

依据有关规定，全面试行营业税改征增值税后，“营业税金及附加”科目名称调整为“税金及附加”科目。该科目核算企业经营活动应当负担的相关税费，包括消费税、城市维护建设税、教育费附加、资源税、房产税、城镇土地使用税、车船税及印花税等。

五、城市维护建设税及教育费附加

城市维护建设税应纳税额=纳税人实际缴纳的增值税和消费税之和×适用税率（市区为7%，县城和镇为5%，其他为1%）

教育费附加应缴纳额=纳税人实际缴纳的增值税和消费税之和×适用教育费附加率

地方教育费附加应缴纳额=纳税人实际缴纳的增值税和消费税之和×适用教育费附加率

六、印花税

印花税是对经济活动和经济交往中，以书立、使用、领受应税凭证的行为为征税对象征收的一种税。印花税的税率有比例税率和定额税率两种形式①。

1. 比例税率

在印花税的13个税目中，各类合同以及具有合同性质的凭证、产权转移书据、营业账簿中记载资金的账簿，适用比例税率。

印花税的比例税率分为4个档次，分别是1‰、0.5‰、0.3‰和0.05‰。

2. 定额税率

在印花税的13个税目中，专利、许可证照适用定额税率，按件贴花，税额均为每件5元。这主要是由于上述应税凭证比较特殊，无法计算金额，或以金额作为计税依据不太合理。

【任务实施】

一、处理期末账项调整与利润核算业务

请根据以下每一项业务中涉及的原始凭证或账簿资料分别编制相应的记账凭证，并进行账务处理。

---

① 2022年7月1日起施行的《中华人民共和国印花税法》已对印花税的税目、税率进行了调整，具体可查阅该法条文。本书模拟企业经济业务设定于2021年12月，因此仍按原有规定处理相关业务。

［业务82］12月31日，安耐公司计算债权投资收益。根据图表2-2-2中的资料完成相关计算。

图表 2-2-2　债权投资计算表

2021年12月31日

投资项目	购买日期	到期日	持有金额（元）	票面利率	实际利率	本期应计利息（元）	本期摊销（元）
国航公司债券	2021.12.15	2031.12.01	100 000.00	5.1%	4.5%		
合计							

制表：杨小玲　　　　审核：冯娟

注：国航公司债券为溢价发行（见业务29），因此需要摊销半个月利息调整额。

［业务83］12月31日，安耐公司计算应交增值税，根据上述资料填写应交增值税计算表（见图表2-2-3）。

图表 2-2-3　应交增值税计算表

2021年12月31日　　单位：元

项目	进项税额	销项税额	进项税额转出	本月应交增值税
金额				

审核：冯娟　　　　制表：杨小玲

注：①实务中将增值税年末结转到次年年初时通常直接过账，即不做抵销分录，“应交增值税”一级科目下设明细科目除进项税额科目保留的留抵税额外，其他三级科日金额全部清零。

②本业务无留抵税额，次年年初“应交增值税”下设三级科目余额直接清零。

［业务84］12月31日，安耐公司计算应交城市维护建设税。根据上述资料填写税金及附加计算表（见图表2-2-4）。城市维护建设税、教育费附加及地方教育费附加计提比例分别为7%、3%及2%。

图表 2-2-4　税金及附加计算表

2021年12月31日　　单位：元

项目	计提基数			计提比例	计提金额
	增值税	消费税	合计		
城市维护建设税					
教育费附加					
地方教育费附加					

审核：冯娟　　　　制表：杨小玲

［业务 85］12 月 31 日，安耐公司计算期末存货可变现净值。相关期末存货可变现净值计算表见图表 2-2-5。

图表 2-2-5　期末存货可变现净值计算表

2021 年 12 月 31 日　　金额单位：元

存货名称	单位	数量	售价	税金	费用	可变现净值	期末实际成本	存货跌价准备
原材料			564 446.43	73 378.04	3 100.00			
包装物			75 300.00	9 789.00	2 000.00			
低值易耗品			950.00	115.70	90.30			
库存商品			380 000.00	49 400.00	4 067.00			
合计								

制表：杨小玲　　审核：冯娟

［业务 86］12 月 31 日，安耐公司计算年末坏账准备。根据上述资料填写坏账准备计提表（见图表 2-2-6）。

图表 2-2-6　坏账准备计提表

年　月　日　　金额单位：元

“应收账款”账户年初余额	坏账准备计提比例	“坏账准备”账户年初余额	“应收账款”账户年末余额	“坏账准备”账户年末余额	年末应计提的坏账准备
合计					

制表：　　审核：

［业务 87］12 月 31 日，安耐公司计提长期借款利息。该借款为固定资产专门借款，相关固定资产已于 2021 年 8 月完工并验收入库。借款年利率为 5.5%，计息方式为分期计息，一次还本付息。根据上述资料填写长期借款利息计提表（见图表 2-2-7）。

图表 2-2-7　长期借款利息计提表

2021 年 12 月 31 日

借款日期	到期日	借款金额（元）	年利率	月利息（元）	备注
2018.10.01	2023.10.01				

制表：　　审核：

［业务 88］12 月 31 日，安耐公司计提应付债券利息及本期摊销。具体内容见业务 2，按直线法确定本期摊销金额。根据上述资料填写应付债券利息计算表（见图表 2-2-8）。

图表 2-2-8 应付债券利息计算表

2021 年 12 月 31 日

项目	发行日期	到期日	票面金额（元）	年利率	每月应计利息（元）	本期摊销（元）
应付债券	2021. 12. 01	2024. 12. 01				
合计	—	—				

审核： 制表：

［业务 89］12 月 31 日，安耐公司计提固定资产减值准备。相关固定资产减值测试报告如下：

固定资产减值测试报告

经测试，本企业除以下固定资产发现有减值迹象外，其余资产不存在减值迹象。

一台设备原值 70 000 元，已提折旧 30 000 元。现该设备有新设备可供替代，该设备销售净价为 28 000 元，未来现金流量净值为 35 000 元。

一库房因自然灾害出现墙体裂痕，该库房原值 300 000 元，已提折旧 200 000 元，销售净价为 50 000 元，未来租金的现金流量净值为 40 000 元。

……

要求：根据上述资料填写计提固定资产减值准备表（见图表 2-2-9）。固定资产计提的减值不得转回。

图表 2-2-9 计提固定资产减值准备表

单位：元

资产名称	原值	已提折旧	账面净值	可回收金额	应计提减值准备
合计					

审核： 制表：

［业务 90］12 月 31 日，安耐公司将结转损益类账户余额转至“本年利润”账户。根据上述资料填写 1 月—12 月损益类账户汇总表（见图表 2-2-10）。

图表 2-2-10　1 月—12 月损益类账户汇总表

2021 年 12 月 31 日　　单位：元

总账账户	1 月—11 月累计发生额	12 月累计发生额	全年累计发生额
主营业务收入	91 509 440.00		
主营业务成本	18 835 002.00		
税金及附加	960 473.00		
其他业务收入	491 107.00		
其他业务成本	401 322.00		
财务费用	996 471.81		
销售费用	56 268 870.55		
管理费用	5 891 583.40		
投资收益	0.00		
资产减值损失	0.00		
信用减值损失	0.00		
公允价值变动损益	0.00		
营业外收入	4 943.00		
营业外支出	51 639.00		
所得税费用	104 200.00		

审核：　　　　制表：

［业务 91］12 月 31 日，安耐公司计算本月应交所得税并进行年末清缴。应进行纳税调整的项目共 5 项，即：①公允价值变动损益、资产减值准备按规定不确认，应调整应纳税所得额；②业务招待费扣除额为当年发生额的 60%，但若超过当年营业收入的 5‰时，应按当年营业收入的 5‰扣除；③广告费扣除额为当年营业收入的 15%，超过部分可留在以后纳税年度扣除；④公益性捐赠支出，不超过年度利润总额 12% 的部分准予扣除；⑤研发支出已转入无形资产，可按无形资产成本的 150% 摊销。根据上述资料填写应交企业所得税计算表（见图表 2-2-11）、暂时性差异计算表（见图表 2-2-12）。

图表 2-2-11　应交企业所得税计算表

2021 年 12 月 31 日

项目	
一、全年利润总额	
加：应调增应纳税所得额	
减：应调减应纳税所得额	
二、应纳税所得额	
三、税率	
四、全年应交所得税	
五、减：已计提所得税费用	
六、应补交或退回所得税	

审核：　　　　制表：

图表 2-2-12　暂时性差异计算表

2021 年 12 月 31 日　　单位：元

项目	期初余额	本年转回数	应纳税暂时性差异	可抵扣暂时性差异
合计				

审核：　　制表：

注：①当期所得税 = 当期应交所得税 = 应纳税所得额×适用的所得税税率

②递延所得税 = 递延所得税负债的发生额 - 递延所得税资产的发生额 =（递延所得税负债的期末数 - 期初数）-（递延所得税资产的期末数 - 期初数）

［业务 92］12 月 31 日，安耐公司结转所得税费用至“本年利润”账户。1 月—11 月所得税费用期初余额已结转至“本年利润”账户。

［业务 93］12 月 31 日，安耐公司将“本年利润”账户余额结转至“利润分配——未分配利润”账户。根据上述资料填写本年净利润计算表（见图表 2-2-13）。

图表 2-2-13　本年净利润计算表

企业名称：广州安耐灯具有限责任公司　2021 年 12 月 31 日　　单位：元

项目	金额
利润总额	
本年所得税费用	
净利润	

审核：　　制表：

［业务 94］12 月 31 日，安耐公司提取法定盈余公积。根据上述资料填写法定盈余公积计算表（见图表 2-2-14）。

图表 2-2-14　法定盈余公积计算表

企业名称：广州安耐灯具有限责任公司　2021 年 12 月 31 日

项目	本年净利润（元）	提取比例	提取金额（元）
法定盈余公积		10%	
合计			

审核：　　制表：

［业务 95］12 月 31 日，安耐公司宣告分配红利。相关分红决议如下：

分红决议

经董事会讨论决定，本年按全年可分配利润的 50% 向投资者分配红利。

广州安耐灯具有限责任公司
2021 年 12 月 31 日

要求：根据上述资料填写股利分配计算表（见图表 2-2-15）。

图表 2-2-15　股利分配计算表

企业名称：广州安耐灯具有限责任公司　　2021 年 12 月 31 日

项目	可供投资者分配利润（元）	提取比例	提取金额（元）
应付股利			
合计			

审核：　　　　　　　　　　　　　　　　制表：

［业务 96］12 月 31 日，安耐公司将“利润分配”各明细账户余额结转至“利润分配——未分配利润”账户。

［业务 97］12 月 31 日，安耐公司将银行对账单（12 月下旬）与银行存款日记账核对，编制银行存款余额调节表。相关对账单见图表 2-2-16。

图表 2-2-16　中国工商银行客户对账单

单位名称：广州安耐灯具有限责任公司　　　　2021 年 12 月 31 日

币种：人民币　　　　单位：元

业务日期	摘要	借方发生额	贷方发生额	余额	交易对象（账号或户名）
2021/12/20	20 日余额			3 236 604.95	
2021/12/21	提取现金	6 000.00		3 230 604.95	广州安耐灯具有限责任公司
2021/12/23	收转让无形资产款		95 400.00	3 326 004.95	珠海市飞达有限公司
2021/12/23	收股权出售款		398 792.00	3 724 796.95	北京百华悦邦科技股份有限公司
2021/12/23	往来款		2 500.00	3 727 296.95	广东可盈灯具厂
2021/12/24	往来款		675 000.00	4 402 296.95	广州华联有限责任公司
2021/12/24	收销货款		1 582 000.00	5 984 296.95	广州星艺装饰有限公司
2021/12/24	付报刊杂志费	2 500.00		5 981 796.95	广州市邮政局
2021/12/24	进货退出	526 420.00		5 455 376.95	珠海红树湾材料厂
2021/12/24	报业务招待费	5 724.00		5 449 652.95	广州丸创餐饮有限责任公司
2021/12/28	支付电话费	7 600.00		5 442 052.95	广州市电信局

续表

业务日期	摘要	借方发生额	贷方发生额	余额	交易对象（账号或户名）
2021/12/31	支付电费	70 964.00		5 371 088.95	广州供电局
2021/12/31	支付水费	959.20		5 370 129.75	广州市自来水厂
2021/12/31	收到股利		172 000.00	5 542 129.75	北京百华悦邦科技股份有限公司
2021/12/31	往来款		200 000.00	5 742 129.75	汕头市华新有限责任公司
2021/12/31	退款（出租包装物押金）	17 262.00		5 724 867.75	广州富欣包装公司

中国工商银行股份有限公司 广州宝旺路支行 业务专用章 123456789012

要求：根据上述资料填写银行存款余额调节表（见图表 2-2-17）。

图表 2-2-17　银行存款余额调节表

编制单位：　　　　　　　　　　年　　月　　日止　　　　　　　　　　单位：元

项目	金额	项目	金额
企业银行存款日记账余额		银行对账单余额	
加：银行已收、企业未收的款项合计		加：企业已收、银行未收的款项合计	
减：银行已付、企业未付的款项合计		减：企业已付、银行未付的款项合计	
调节后余额		调节后余额	

审核：　　　　　　　　　　　　　　　　　　制表：

二、对账与结账

1. 对账

（1）账证核对

账证核对即将明细分类账与记账凭证及原始凭证核对，将 T 形账与记账凭证核对。

（2）账账核对

账账核对即将明细分类账与总分类账核对，将日记账与总分类账核对。

（3）账实核对

账实核对即将各种财产物资的账面余额与实存数额相核对。受条件所限，本实训不进行账实核对。

2. 结账

结账要诀：月结画单红线，年结画双红线，画线应画通栏线，不应只在本账页中的金额部分画线。

（1）月结

月末应在各账户本月份最后一笔记录下面画一条通栏红线，表示本月结束。然后，在红线下结出本月发生额和月末余额。如果没有余额，在余额栏内注明“平”字或“θ”符号，同时在摘要栏内注明“本月合计”或“×月份发生额及余额”字样，然后在下面画一

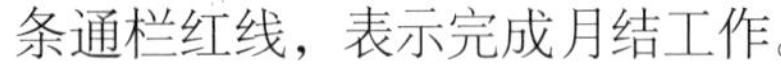

条通栏红线，表示完成月结工作。

（2）季结

办理季结时，应在各账户本季度最后一个月的月结下面（须按月结出累计发生额的应在“本季累计”行下面）画一条通栏红线，表示本季结束。然后，在红线下结出本季发生额和季末余额，并在摘要栏内注明“第×季度发生额及余额”或“本季合计”字样。最后，在本摘要栏下面画一条通栏红线，表示完成季结工作。

（3）年结

首先，在12月份或第四季度季结下面画一条通栏红线，表示年度终了。然后，在红线下面结出全年12个月份的月结发生额或4个季度的季结发生额，并在摘要栏内注明“年度发生额及余额”或“本年合计”字样，并在“本年发生额及余额”或“本年合计”行下面画通栏双红线。

（4）年末余额结转下年

年度终了，要把各账户的余额结转到下一会计年度，并在摘要栏内注明“结转下年”字样。如果年末余额在借方，则将借方余额填入贷方栏；如果年末余额在贷方，则将贷方余额填入借方栏。然后，在余额方向栏中填上“平”，在余额栏登记“θ”，并在“结转下年”行下面的空白行画一条单红线注销。最后，结账人员签章以示负责。

项目三

财务报表编制与分析

学习目标

知识目标

1. 熟悉资产负债表、利润表、现金流量表、所有者权益变动表的内容、结构和作用。

2. 掌握资产负债表、利润表、现金流量表、所有者权益变动表的编制方法。

能力目标

1. 能够根据总分类账余额填制账户余额表。

2. 能够正确编制资产负债表、利润表、现金流量表、所有者权益变动表。

3. 能够正确运用财务指标分析企业的财务状况、经营成果。

4. 能够对财务报表进行分析，并撰写财务分析报告。

【项目导学】

财务报表是指在日常会计核算资料的基础上，按照规定的格式、内容和方法定期编制的，综合反映企业某一特定日期财务状况和某一特定时期经营成果、现金流量状况的书面文件。一套完整的财务报表至少应当包括资产负债表、利润表、现金流量表、所有者权益变动表以及附注。

通常来说，单纯的财务报表数据不能直接或全面说明企业的财务状况，特别是不能说明企业经营状况的好坏或经营成果的优劣。只有将企业的财务指标与有关数据进行比较分析才能说明企业财务状况的水平，所以还要进行财务报表分析。

思维导图

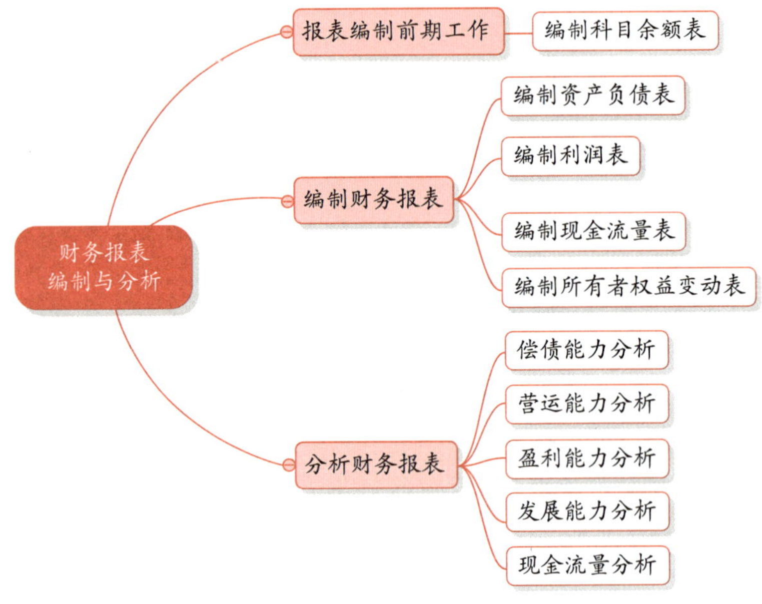

任务一 报表编制前期工作

【任务导入】

2021 年年末，安耐公司财务部要按规定编制资产负债表、利润表、现金流量表和所有者权益变动表。在此之前，为了方便快捷地查询各账户余额，会计人员需要先编制账户余额表。

【相关知识】

账户余额表又称总账余额汇总表，是基本的会计做账表格，可以反映各账户的期初余额、本期发生额及期末余额。编制账户余额表主要是为了方便做财务报表。

一、编制方法

账户余额表中各科目的期初余额、本期发生额、期末余额根据已登记完整的总分类账的期初余额、本期发生额、期末余额直接填列。

二、编制原理

账户余额表的编制原理是依据下列公式：

期初余额±本期发生额（包括借方发生额和贷方发生额）= 期末余额

三、计算公式

资产类账户期末余额 = 借方期初余额 + 借方本期发生额 - 贷方本期发生额

以上计算结果为正数则余额在借方，为负数则余额在贷方。

负债类账户期末余额 = 贷方期初余额 + 贷方本期发生额 - 借方本期发生额

以上计算结果为正数则余额在贷方，为负数则余额在借方。

编制完成后，只要所有账户都能按照以上公式实现试算平衡，则说明编制的账户余额表是正确的。

【任务实施】

请根据项目二中已编制完成的各账目编制安耐公司 2021 年账户余额表（见图表 3-1-1）。

图表 3-1-1 安耐公司 2021 年账户余额表

年 月 日

编制单位： 单位：元

科目编号	会计科目	期初余额		本期发生额		期末余额	
		借方	贷方	借方	贷方	借方	贷方
1001	库存现金						

续表

科目编号	会计科目	期初余额		本期发生额		期末余额	
		借方	贷方	借方	贷方	借方	贷方
1002	银行存款						
1012	其他货币资金						
1101	交易性金融资产						
1121	应收票据						
1122	应收账款						
1123	预付账款						
1131	应收股利						
1132	应收利息						
1221	其他应收款						
1231	坏账准备						
1401	材料采购						
1402	在途物资						
1403	原材料						
1404	材料成本差异						
1405	库存商品						
1411	周转材料						
1471	存货跌价准备						
1505	债权投资						
1507	其他债权投资						
1511	长期股权投资						
1521	投资性房地产						
1528	其他权益工具投资						
1531	长期应收款						
1601	固定资产						
1602	累计折旧						
1603	固定资产减值准备						
1604	在建工程						
1605	工程物资						
1606	固定资产清理						

续表

科目编号	会计科目	期初余额		本期发生额		期末余额	
		借方	贷方	借方	贷方	借方	贷方
1701	无形资产						
1702	累计摊销						
1801	长期待摊费用						
1811	递延所得税资产						
1901	待处理财产损溢						
2001	短期借款						
2201	应付票据						
2202	应付账款						
2203	预收账款						
2211	应付职工薪酬						
2221	应交税费						
2231	应付利息						
2232	应付股利						
2241	其他应付款						
2501	长期借款						
2502	应付债券						
2701	长期应付款						
2802	未确认融资费用						
2901	递延所得税负债						
4001	实收资本						
4002	资本公积						
4003	其他综合收益						
4101	盈余公积						
4103	本年利润						
4104	利润分配						
4201	库存股						
5001	生产成本						
5301	研发支出						
合计							

任务二 编制财务报表

【任务导入】

账户余额表编制完成后，安耐公司财务部就要着手编制资产负债表、利润表、现金流量表和所有者权益变动表等一系列财务报表。

【相关知识】

一、资产负债表的编制

1. 根据总账科目的余额填列

一是根据总账科目的余额直接填列，如“短期借款”“应付票据”“资本公积”“递延所得税资产”“递延所得税负债”等项目。

二是根据几个总账科目的余额计算填列，以“货币资金”和“其他应收款”为例，其计算公式如下：

货币资金=库存现金+银行存款+其他货币资金

其他应付款=应付利息+应付股利+其他应付款

2. 根据有关明细科目的余额计算填列

相关计算公式如下：

预付款项=“应付账款”明细科目借方余额+“预付账款”明细科目借方余额-与预付账款有关的坏账准备贷方余额

应付账款=“应付账款”明细科目贷方余额+“预付账款”明细科目贷方余额

预收款项=“预收账款”明细科目贷方余额+“应收账款”明细科目贷方余额

“开发支出”项目需要根据“研发支出”科目中所含的“资本化支出”明细科目期末余额计算填列。

“应付职工薪酬”需要根据“应付职工薪酬”科目的明细科目期末余额计算填列。

“一年内到期的非流动资产”“一年内到期的非流动负债”项目，需要根据相关“非流动资产”和“非流动负债”项目的明细科目余额计算填列。

“未分配利润”项目需要根据“利润分配”科目中所含的“未分配利润”明细科目期末余额填列。

3. 根据总账科目和明细科目的余额分析计算填列

“长期借款”项目应根据“长期借款”总账科目余额扣除“长期借款”科目所含的

明细科目中将在资产负债表日起一年内到期且企业不能自主地将清偿义务展期的长期借款后的金额计算填列。一年内即将到期的非流动负债列示于“流动负债”项目中的“一年内到期的非流动负债”项目。

“其他非流动资产”项目应根据有关科目的期末余额减去将于一年内（含一年）收回数后的金额计算填列。

“其他非流动负债”项目应根据有关科目的期末余额减去将于一年内（含一年）到期偿还数后的金额计算填列。

4. 根据有关科目余额减去其备抵科目余额后的净额填列

“应收账款”项目应根据“应收账款”科目的期末余额减去“坏账准备”科目中相关坏账准备期末余额后的金额分析填列。

“应收票据”项目应根据“应收票据”科目的期末余额减去“坏账准备”科目中相关坏账准备期末余额后的金额分析填列。

“其他应收款”项目应根据“应收利息”“应收股利”“其他应收款”科目的期末余额合计数减去“坏账准备”科目中相关坏账准备期末余额后的金额填列。

“长期股权投资”项目应扣除长期股权投资减值准备。

“在建工程”项目应根据“在建工程”科目的期末余额，减去“在建工程减值准备”科目的期末余额后的金额，以及“工程物资”科目的期末余额减去“工程物资减值准备”科目的期末余额后的金额填列。

“投资性房地产”（采用成本模式计量）项目应扣除投资性房地产累计折旧、投资性房地产减值准备。

“固定资产”项目应根据“固定资产”科目的期末余额，减去“累计折旧”和“固定资产减值准备”科目的期末余额后的金额，以及“固定资产清理”科目的期末余额填列。

“无形资产”项目应扣除累计摊销、无形资产减值准备。

5. 综合运用上述填列方法分析填列

例如，“存货”项目应根据“材料采购”“原材料”“库存商品”“周转材料”“委托加工物资”“发出商品”“生产成本”“受托代销商品”等科目的期末余额汇总数，减去“受托代销商品款”“存货跌价准备”科目余额后的净额填列。

材料采购采用计划成本核算的企业，以及库存商品采用计划成本核算或售价核算的企业，还应按加（或减）材料成本差异、商品进销差价后的金额填列。

二、利润表的编制

我国一般企业利润表的主要编制步骤和内容如下：

第一步，以营业收入为基础，减去营业成本、税金及附加、销售费用、管理费用、研发费用、财务费用，加上公允价值变动收益（或减去公允价值变动损失）和投资收益（或减去投资损失）等项目，计算出营业利润。

第二步，以营业利润为基础，加上营业外收入，减去营业外支出，计算出利润总额。

第三步，以利润总额为基础，减去所得税费用，计算出净利润（或净亏损）。

第四步，以净利润（或净亏损）和其他综合收益税后净额为基础，计算出综合收益总额。

第五步，以综合收益总额为基础，计算出每股收益。

利润表各项目均应填列“本期金额”和“上期金额”两栏。其中，“上期金额”栏内各项数字应根据上年该期利润表的“本期金额”栏内所列数字填列；“本期金额”栏内各项数字，除“基本每股收益”和“稀释每股收益”项目外，应当按照相关科目的发生额分析填列。

三、现金流量表的编制

现金流量表在结构上将企业一定期间产生的现金流量分为三类，即经营活动产生的现金流量、投资活动产生的现金流量和筹资活动产生的现金流量。

1. 经营活动产生的现金流量

经营活动是指企业投资活动和筹资活动以外的所有交易和事项。各类企业由于经营特点不同，对经营活动的认定存在一定差异。对于工商企业而言，经营活动主要包括销售商品、提供劳务、购买商品、接受劳务、支付职工薪酬、支付税费等。在我国，企业经营活动产生的现金流量应当采用直接法填列。直接法是指通过现金收入和现金支出的主要类别列示经营活动现金流量的方法。

2. 投资活动产生的现金流量

投资活动是指企业长期资产的购建和现金等价物范围以外的投资及其处置活动。这里所讲的投资活动既包括实物资产投资，也包括金融资产投资。

3. 筹资活动产生的现金流量

筹资活动是指导致企业资本及债务的规模和构成发生变化的活动。这里所说的资本既包括实收资本（或股本），也包括资本溢价（或股本溢价）；债务指对外举债，包括向银行借款、发行债券及偿还债务等。通常情况下，应付账款、应付票据等商业应付款等属于经营活动的范畴，不属于筹资活动的范畴。

四、所有者权益变动表的编制

1. 编制方法

所有者权益变动表各项目均应填列“本年金额”和“上年金额”两栏。

所有者权益变动表“上年金额”栏内各项数字应根据上年度所有者权益变动表“本年金额”内所列数字填列。

所有者权益变动表“本年金额”栏内各项数字一般应根据“实收资本（或股本）”“其他权益工具”“资本公积”“库存股”“其他综合收益”“专项储备”“盈余公积”“利润分配”等科目的发生额分析填列。

2. 主要项目说明

（1）“上年年末余额”项目

“上年年末余额”项目反映企业上年资产负债表中“实收资本（或股本）”“其他权益工具”“资本公积”“库存股”“其他综合收益”“专项储备”“盈余公积”“未分配利润”等项目年末余额。

（2）“会计政策变更”“前期差错更正”项目

“会计政策变更”项目反映企业采用追溯调整法处理的会计政策变更的累计影响金额，“前期差错更正”项目反映企业采用追溯重述法处理的会计差错更正的累计影响金额。

（3）“本年增减变动金额”项目

1）“综合收益总额”项目反映净利润与其他综合收益扣除所得税后的净额相加后的合计金额。

2）“所有者投入和减少资本”项目反映当年所有者投入的资本和减少的资本金额。

3）“利润分配”项目反映企业当年的利润分配金额。

4）“所有者权益内部结转”项目反映所有者权益的各组成部分当年的增减变动金额。

【任务实施】

一、编制资产负债表

上一任务完成后，根据本项目任务一中已编制完成的账户余额表及有关明细分类账编制安耐公司 2021 年资产负债表（见图表 3-2-1）。

图表 3-2-1　资产负债表

会企 01 表

编制单位：　　　　年　月　日　　　　单位：元

资产	期末余额	上年年末余额	负债和所有者权益（或股东权益）	期末余额	上年年末余额
流动资产：			流动负债：		
货币资金		4 000 000.00	短期借款		200 000.00
交易性金融资产		60 000.00	交易性金融负债		
衍生金融资产			衍生金融负债		
应收票据		1 640 000.00	应付票据		80 000.00
应收账款		4 850 000.00	应付账款		896 200.00
应收款项融资			预收款项		150 000.00
预付款项		20 000.00	合同负债		
其他应收款		0.00	应付职工薪酬		490 000.00
存货		490 000.00	应交税费		8 691 909.36
合同资产			其他应付款		2 680 000.00
持有待售资产			持有待售负债		
一年内到期的非流动资产			一年内到期的非流动负债		
其他流动资产			其他流动负债		
流动资产合计		11 060 000.00	流动负债合计		13 188 109.36
非流动资产：			非流动负债：		
债权投资			长期借款		1 790 000.00
其他债权投资		0.00	应付债券		359 000.00
长期应收款			其中：优先股		
长期股权投资		680 000.00	永续债		
其他权益工具投资		0.00	租赁负债		
其他非流动金融资产			长期应付款		705 000.00
投资性房地产		0.00	预计负债		
固定资产		12 500 000.00	递延收益		
在建工程			递延所得税负债		216 000.00
生产性生物资产			其他非流动负债		
油气资产			非流动负债合计		3 070 000.00
使用权资产			负债合计		16 258 109.36
无形资产		350 660.00	所有者权益（或股东权益）：		
开发支出			实收资本（或股本）		5 420 000.00
商誉			其他权益工具		
长期待摊费用			其中：优先股		
递延所得税资产		67 000.00	永续债		
其他非流动资产			资本公积		1 822 768.64
非流动资产合计		13 597 660.00	减：库存股		
			其他综合收益		0.00
			专项储备		
			盈余公积		532 254.00
			未分配利润		624 528.00
			所有者权益（或股东权益）合计		8 399 550.64
资产总计		24 657 660.00	负债和所有者权益（或股东权益）总计		24 657 660.00

二、编制利润表

根据本项目任务一中的账户余额表及有关明细分类账编制安耐公司2021年利润表（见图表3-2-2）。

图表3-2-2　利润表

会企02表

编制单位：　　　　年　　月　　日　　　　单位：元

项目	本期金额	上期金额
一、营业收入		58 460 000.00
减：营业成本		20 450 000.00
税金及附加		827 000.00
销售费用		16 455 000.00
管理费用		5 460 000.00
研发费用		
财务费用		1 120 000.00
其中：利息费用		120 000.00
利息收入		
加：其他收益		
投资收益（损失以“-”号填列）		155 660.00
其中：对联营企业和合营企业的投资收益		150 146.00
以摊余成本计量的金融资产终止确认收益（损失以“-”号填列）		
净敞口套期收益（损失以“-”号填列）		
公允价值变动收益（损失以“-”号填列）		485 600.00
信用减值损失（损失以“-”号填列）		
资产减值损失（损失以“-”号填列）		2 300.00
资产处置收益（损失以“-”号填列）		25 000.00
二、营业利润（损失以“-”号填列）		14 816 560.00
加：营业外收入		25 302.00
减：营业外支出		65 000.00
三、利润总额（损失以“-”号填列）		14 776 862.00
减：所得税费用		4 560 000.00
四、净利润（损失以“-”号填列）		10 216 862.00
（一）持续经营净利润（损失以“-”号填列）		
（二）终止经营净利润（损失以“-”号填列）		
五、其他综合收益的税后净额		
（一）不能重分类进损益的其他综合收益		
1. 重新计量设定受益计划变动额		
2. 权益法下不能转损益的其他综合收益		
3. 其他权益工具投资公允价值变动		
4. 企业自身信用风险公允价值变动		
……		
（二）将重分类进损益的其他综合收益		
1. 权益法下可转损益的其他综合收益		
2. 其他债权投资公允价值变动		
3. 金融资产重分类计入其他综合收益的金额		
4. 其他债权投资信用减值准备		
5. 现金流量套期		
6. 外币财务报表折算差额		
……		
六、综合收益总额		10 216 862.00
七、每股收益		
（一）基本每股收益		
（二）稀释每股收益		

三、编制现金流量表

根据项目二中安耐公司2021年收入类、费用类等有关账户的本年度累计发生额编制安耐公司12月份的现金流量表（见图表3-2-3）。

图表 3-2-3　现金流量表

会企03表

编制单位：　　　　2021年12月　　　　单位：元

项目	本期金额	上期金额（略）
一、经营活动产生的现金流量：		
销售商品、提供劳务收到的现金		
收到的税费返还		
收到其他与经营活动有关的现金		
经营活动现金流入小计		
购买商品、接受劳务支付的现金		
支付给职工以及为职工支付的现金		
支付的各项税费		
支付其他与经营活动有关的现金		
经营活动现金流出小计		
经营活动产生的现金流量净额		
二、投资活动产生的现金流量：		
收回投资收到的现金		
取得投资收益收到的现金		
处置固定资产、无形资产和其他长期资产收回的现金净额		
处置子公司及其他营业单位收到的现金净额		
收到其他与投资活动有关的现金		
投资活动现金流入小计		
购建固定资产、无形资产和其他长期资产支付的现金		
投资支付的现金		
取得子公司及其他营业单位支付的现金净额		
支付其他与投资活动有关的现金		
投资活动现金流出小计		
投资活动产生的现金流量净额		
三、筹资活动产生的现金流量：		
吸收投资收到的现金		
取得借款收到的现金		
收到其他与筹资活动有关的现金		
筹资活动现金流入小计		
偿还债务支付的现金		
分配股利、利润或偿付利息支付的现金		
支付其他与筹资活动有关的现金		
筹资活动现金流出小计		
筹资活动产生的现金流量净额		
四、汇率变动对现金及现金等价物的影响		
五、现金及现金等价物净增加额		
加：期初现金及现金等价物余额		
六、期末现金及现金等价物余额		

注：上期数据不具对比性，故在此省略。

四、编制所有者权益变动表

根据已编制完成的资产负债表和安耐公司2021年“实收资本（或股本）”“其他权益工具”“资本公积”等科目及其明细科目的发生额编制安耐公司2021年所有者权益变动表（见图表3-2-4，因上年金额不具对比性，故本表省略相关数据）。

图表3-2-4　所有者权益变动表

会企04表

编制单位：　　　　______年度　　　　单位：元

项目	本年金额										
	实收资本（或股本）	其他权益工具			资本公积	减：库存股	其他综合收益	专项储备	盈余公积	未分配利润	所有者权益合计
		优先股	永续债	其他							
一、上年年末余额											
加：会计政策变更											
前期差错更正											
其他											
二、本年年初余额											
三、本年增减变动金额（减少以“-”号填列）											
（一）综合收益总额											
（二）所有者投入和减少资本											
1. 所有者投入的普通股											
2. 其他权益工具持有者投入资本											
3. 股份支付计入所有者权益的金额											
4. 其他											
（三）利润分配											
1. 提取盈余公积											
2. 对所有者（或股东）的分配											
3. 其他											
（四）所有者权益内部结转											
1. 资本公积转增资本（或股本）											
2. 盈余公积转增资本（或股本）											
3. 盈余公积弥补亏损											
4. 设定受益计划变动额结转留存收益											
5. 其他综合收益结转留存收益											
6. 其他											
四、本年年末余额											

任务三　分析财务报表

【任务导入】

安耐公司的财务报表编制完成后，财务部门还需要对财务报表进行分析，向公司总经理提交财务分析报告。

【相关知识】

财务报表分析一般从企业的偿债能力、营运能力、盈利能力、发展能力、现金流量五个方面进行分析。

一、偿债能力分析

债务一般按到期时间分为短期债务和长期债务，偿债能力分析也由此分为短期偿债能力分析和长期偿债能力分析。

1. 短期偿债能力分析

企业的短期偿债能力取决于短期内企业产生现金的能力，即在短期内能够转化为现金的流动资产的多少。衡量企业短期偿债能力的财务指标主要有流动比率和速动比率。

2. 长期偿债能力分析

长期偿债能力是指企业在较长的期间偿还债务的能力，衡量该能力的财务指标主要有资产负债率和利息保障倍数。

二、营运能力分析

营运能力主要指资产运用、循环的效率。一般而言，资金周转速度越快，说明企业的资金管理水平越高，资金利用效率越高，企业可以用较少的投入获得较多的收益。衡量企业营运能力的财务指标主要有应收账款周转率、存货周转率、固定资产周转率、总资产周转率等。

三、盈利能力分析

不论是投资人、债权人还是企业管理人员，都会非常重视和关心企业的盈利能力。盈利能力是企业获取利润、实现资金增值的能力。因此，盈利能力主要通过收入与利润之间的关系、资产与利润之间的关系反映。衡量企业盈利能力的财务指标主要有营业毛利率、营业净利率、总资产净利率和净资产收益率等。

四、发展能力分析

衡量企业发展能力的财务指标主要有营业收入增长率、总资产增长率、营业利润增

长率、资本保值增值率和所有者权益增长率等。

五、现金流量分析

分析现金流量的财务指标主要有营业现金比率、全部资产现金回收率等。

财务报表分析常见指标计算公式见图表3-3-1。

图表3-3-1 财务报表分析常见指标计算公式

项目	指标	计算公式
短期偿债能力	流动比率	流动比率=流动资产/流动负债
	速动比率	速动比率=速动资产/流动负债 其中，速动资产=货币资金+交易性金融资产+应收票据+应收账款+其他应收款=流动资产-存货等
长期偿债能力	资产负债率	资产负债率=总负债/总资产×100%
	利息保障倍数	利息保障倍数=息税前利润/利息费用 =(净利润+利润表中的利息费用+所得税)/利息费用
营运能力	应收账款周转率	应收账款周转率=营业收入/应收账款平均余额 =营业收入/[(期初应收账款+期末应收账款)÷2]
	应收账款周转天数	应收账款周转天数=计算期天数/应收账款周转率
	存货周转率	存货周转率=营业成本/存货平均余额 其中，存货平均余额=(期初存货余额+期末存货余额)/2
	存货周转天数	存货周转天数=计算期天数/存货周转率
	固定资产周转率	固定资产周转率=营业收入/平均固定资产净值 其中，平均固定资产净值=(期初固定资产净值+期末固定资产净值)/2
	总资产周转率	总资产周转率=营业收入/平均总资产 其中，平均总资产=(期初总资产+期末总资产)/2
盈利能力	营业毛利率	营业毛利率=营业毛利/营业收入×100% 其中，营业毛利=营业收入-营业成本
	营业净利率	营业净利率=净利润/营业收入×100%
	总资产净利率	总资产净利率=净利润/平均总资产×100% =(净利润/营业收入)×(营业收入/平均总资产)×100% =营业净利率×总资产周转率
	净资产收益率	净资产收益率=净利润/净资产×100%

续表

项目	指标	计算公式
发展能力	营业收入增长率	营业收入增长率=本年营业收入增长额/上年营业收入×100% 其中，本年营业收入增长额=本年营业收入-上年营业收入
	总资产增长率	总资产增长率=本年资产增长额/年初总资产×100% 其中，本年资产增长额=年末总资产-年初总资产
	营业利润增长率	营业利润增长率=本年营业利润增长额/上年营业利润总额×100% 其中，本年营业利润增长额=本年营业利润-上年营业利润
	资本保值增值率	资本保值增值率=扣除客观因素影响后的期末所有者权益/期初所有者权益×100% =(期初所有者权益+本期利润)/期初所有者权益×100%
现金流量	所有者权益增长率	所有者权益增长率=本年所有者权益增长额/年初所有者权益×100%
	本年所有者权益增长额	本年所有者权益增长额=年末所有者权益-年初所有者权益
	营业现金比率	营业现金比率=经营活动现金流量净额/营业收入
	全部资产现金回收率	全部资产现金回收率=经营活动现金流量净额/平均总资产×100%

【任务实施】

根据安耐公司财务报表等资料，分析该公司的偿债能力、营运能力、盈利能力、发展能力和现金流量情况，完成以下财务分析报告。

财务分析报告

编制单位：　　　　　　　　　　　　　　　　　　　　　　______年

一、公司概况（根据企业情况简明扼要地进行描述）

二、财务分析

1. 偿债能力分析

偿债能力	财务指标	行业平均值	上年数	本年数	具体分析
短期偿债能力	流动比率		0.84		
	速动比率		0.80		
长期偿债能力	资产负债率		0.66		
	利息保障倍数		466		

2. 营运能力分析

营运能力	财务指标	行业平均值	上年数	本年数	具体分析
流动资产营运能力	应收账款周转率		15		
	应收账款周转天数		24		
	存货周转率		32		
	存货周转天数		11		
固定资产营运能力	固定资产周转率		5		
总资产营运能力	总资产周转率		3		

3. 盈利能力分析

财务指标	行业平均值	上年数	本年数	具体分析
营业毛利率		0.65		
营业净利率		0.17		
总资产净利率		0.35		
净资产收益率		0.86		

4. 发展能力分析

财务指标	本年数	上年数	增长率	具体分析
营业收入				
总资产				
营业利润				
资本保值增值率				
所有者权益				

5. 现金流量分析

财务指标	指标值	具体分析
营业现金比率		
全部资产现金回收率		

三、总结

（根据上述财务分析结果，对公司财务状况及经营情况做出总体评价，并提出相应建议。）

四、补充资料——部分财务指标的行业平均值

流动比率：2

速动比率：1

资产负债率：60%

利息保障倍数：3

应收账款周转率：12 次

应收账款周转天数：30 天

存货周转率：20 次

存货周转天数：18 天

固定资产周转率：1

总资产周转率：1

营业毛利率：23%

营业净利率：15%

总资产净利率：20%

净资产收益率：40%

项目四
纳税申报表编制

学习目标

知识目标

1. 熟悉各税种相关法律法规、现行税收政策。
2. 熟悉应税事项和相应税率。
3. 熟悉税收优惠政策，掌握应纳税额计算方法。

能力目标

1. 能够准确判断应税事项。
2. 能够正确填写一般纳税人增值税及附加税费申报表并申报纳税。
3. 能够正确填写企业所得税汇算清缴主要表格并申报纳税。
4. 能够正确填写企业其他税费申报表格和个人所得税扣缴申报表并申报纳税。

【项目导学】

纳税申报是财会类专业的一个核心能力项目，本项目以税法、会计和财务有关课程知识为基础，以掌握企业办税人员岗位技能为目标，以办税人员的工作过程和典型工作任务为依据设置内容，以纳税申报为主线，辅以纳税检查等内容，通过以上实训达到能够准确办理各类涉税业务并依法纳税的目的。

思维导图

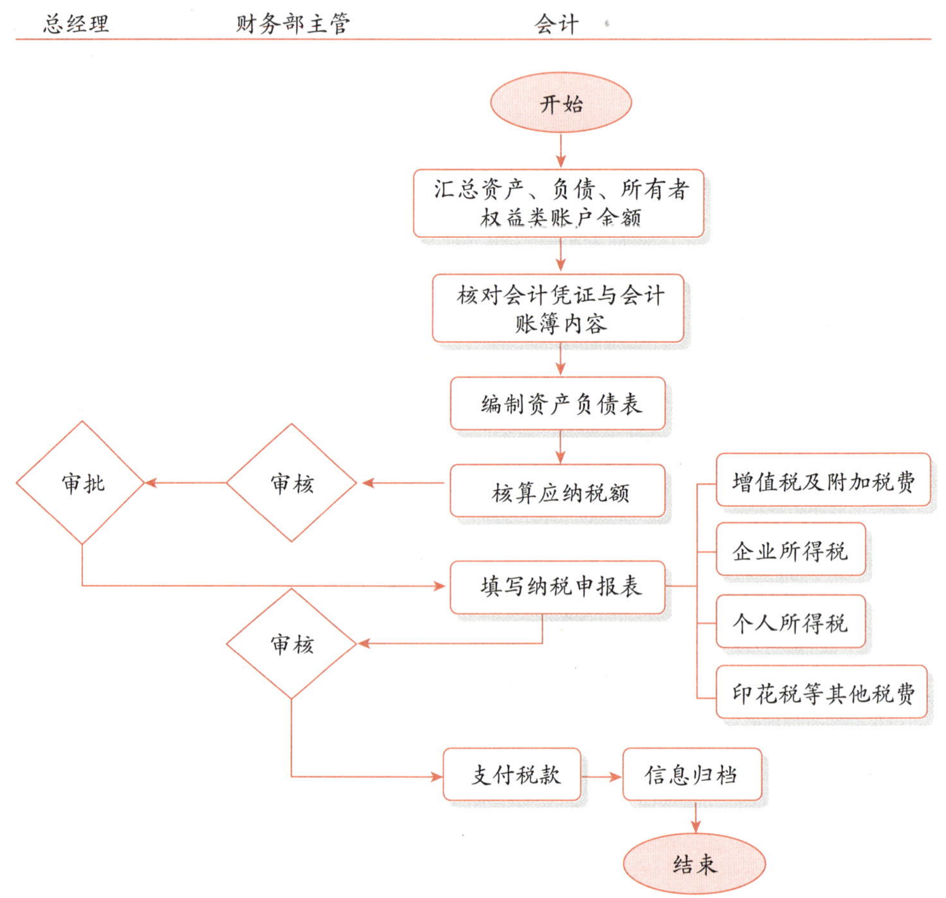

任务一　一般纳税人增值税及附加税费纳税申报

【任务导入】

2022年年初，安耐公司要按照规定填写增值税及附加税费申报表。会计人员需要先整理2021年12月的纳税资料，确保纳税资料与相对应的账簿相符。

【相关知识】

一、国家税务总局有关增值税及附加税费纳税申报的文件

自2016年6月1日起，中华人民共和国境内的增值税纳税人均应按照《国家税务总局关于全面推开营业税改征增值税试点后增值税纳税申报有关事项的公告》（国家税务总局公告2016年第13号）的规定进行增值税纳税申报，该文件系统地规定了增值税纳税申报的有关事项，十分重要。

2016年至2021年，国家税务总局多次对增值税纳税申报有关事项进行调整，具体可查阅国家税务总局公告2016年第27号、国家税务总局公告2017年第19号、国家税务总局公告2019年第15号、国家税务总局公告2021年第9号、国家税务总局公告2021年第20号文件。自2021年8月1日起，增值税、消费税分别与城市维护建设税、教育费附加、地方教育附加申报表整合，启用“增值税及附加税费申报表（一般纳税人适用）”等申报表。

二、增值税及附加税费申报表填写说明

1. 申报表表头部分项目填写说明

（1）税款所属时间，指纳税人申报的增值税应纳税额的所属时间。

（2）纳税人识别号（统一社会信用代码），填写纳税人的统一社会信用代码或纳税人识别号。

（3）所属行业，按照“国民经济行业分类与代码”中的小类行业填写。

（4）纳税人名称，填写纳税人单位名称全称。

（5）法定代表人姓名，填写纳税人法定代表人的姓名。

（6）注册地址，填写纳税人税务登记证件所注明的详细地址。

（7）生产经营地址，填写纳税人实际生产经营地的详细地址。

2. 申报表填写顺序

根据申报表与各附列资料之间的关系，建议填写顺序为：

（1）增值税及附加税费申报表附列资料（一）

（2）增值税及附加税费申报表附列资料（三）
（3）增值税及附加税费申报表附列资料（二）
（4）增值税及附加税费申报表
（5）增值税及附加税费申报表附列资料（四）
（6）增值税及附加税费申报表附列资料（五）
（7）增值税减免税申报明细表

【任务实施】

一、整理安耐公司 2021 年 12 月纳税资料

纳税申报数值应与开票系统中的数值一致，二者通过开票系统中“报税处理”菜单下的“月度统计”选项进行查询。

1. 开具增值税专用发票情况

根据业务 7、业务 32、业务 42、业务 47、业务 80，本期开具增值税专用发票 7 份，金额合计 7 510 000 元，税额合计 970 000 元。其中，按 13%税率开具的发票销售金额合计 7 420 000 元，应纳税额为 964 600 元；按 6%税率开具的发票销售金额合计 90 000 元，应纳税额为 5 400 元。

2. 开具增值税普通发票情况

本期未开具增值税普通发票。

3. 未开具发票情况

根据业务 51，发放筒灯作为股利分红，应视同销售 96 000 元，按 13%税率计算，应纳税额为 12 480 元。虽未开具发票，但纳税义务已发生，也必须进行纳税申报。

4. 按简易征收办法征收增值税情况

根据业务 33，转让本公司一台旧设备，按简易征收办法，以 3%征收率征收增值税，开具专用发票 1 份，税率栏填写 3%，销售金额为 50 000 元，应纳税额为 1 500 元。

5. 发票认证（勾选）情况

将本月取得的增值税专用发票全部认证，已认证相符且符合本期抵扣条件的增值税专用发票抵扣联共 20 份，金额合计 1 264 479. 12 元，税额合计 186 816. 18 元。

6. 进项税额转出情况

根据业务 49，公司购买的原材料由于质量问题退货，进项税额转出 6 474 元，按要求开具红字增值税专用发票。

根据业务 62，由于保管不善，公司原材料发生非常损失，进项税额转出 59. 80 元。

二、填写增值税及附加税费申报表与附列资料

增值税及附加税费申报表见图表 4-1-1，申报表附列资料（一）（二）（五）分别见图表 4-1-2 至图表 4-1-4。

第一步，填写附列资料（一）。根据上述开具增值税专用发票情况，将销售额 7 420 000 元、销项税额 964 600 元分别填列在第 1 栏“13%税率的货物及加工修理修配劳务”项的第 1、2 列内，将销售额 90 000 元、销项税额 5 400 元分别填列在第 5 栏“6%税率”项的第 1、2 列内。

根据上述开具增值税普通发票情况，将销售额 0 元、销项税额 0 元分别填列在第 1 栏“13%税率的货物及加工修理修配劳务”项的第 3、4 列内。

根据上述未开具发票情况，将销售额 96 000 元、销项税额 12 480 元分别填列在第 1 栏“13%税率的货物及加工修理修配劳务”项的第 5、6 列内。

根据上述按简易征收办法征收增值税情况，将不含税销售额 50 000 元、应纳税额 1 500 元分别填列在第 11 栏“3%征收率的货物及加工修理修配劳务”项的第 1、2 列内。

第二步，填写附列资料（二）。根据上述发票认证（勾选）情况，将第 2 栏“其中：本期认证相符且本期申报抵扣”项的“份数”“金额”“税额”栏内的数据分别填列为 20、1 264 479. 12、186 816. 18。

根据上述进项税额转出情况，将公司购买后由于质量问题退货的原材料的进项税额转出 6 474 元，填列在第 20 栏“红字专用发票信息表注明的进项税额”项的“税额”栏内。

将原材料发生非常损失产生的进项税额转出 59. 80 元填列在第 16 栏“非正常损失”项的“税额"栏内。

完成以上数据填列后，附列资料（一）和附列资料（二）中的相关合计数据都会自动生成。将表格保存后，增值税及附加税费申报表即主表的大部分数据也会随之自动生成。一般来说，附列资料正确，主表也就正确。

第三步，填写增值税及附加税费申报表。根据上述简易征收办法征收增值税情况，将不含税销售额 50 000 元填列在第 5 栏“（二）按简易办法计税销售额”栏对应的“一般项目”的“本月数”栏内，将应纳税额 1 500 元填列在第 21 栏“简易计税办法计算的应纳税额”栏内。

附加税费主要包括城市维护建设税、教育费附加及地方教育附加。填写完以上主表和附列资料后，系统会根据所填写的增值税申报信息，自动在附列资料（五）“附加税费情况表”中生成本期附加税费申报信息。纳税人只需查看有关信息是否有误，如有误需要及时联系主管税务机关更改。

至此，主表及附列资料填列完成。其他附列资料没有发生相关业务，无须填写。

之后，再填写资产负债表、利润表、现金流量表，检查无误后即可进行纳税申报。除了以上全国统一的报表外，个别省份可能还要求填报其他报表。其他报表通常比较简单，此处不再赘述。

图表 4-1-1 增值税及附加税费申报表

（一般纳税人适用）

根据国家税收法律法规及增值税相关规定制定本表。纳税人不论有无销售额，均应按税务机关核定的纳税期限填写本表，并向当地税务机关申报。

税款所属时间：自 2021 年 12 月 1 日至 2021 年 12 月 31 日 填表日期：2022 年 1 月 8 日 金额单位：元（列至角分）

纳税人识别号： 所属行业：

纳税人名称	（公章）	法定代表人姓名		注册地址		生产经营地址	
开户银行及账号				登记注册类型		电话号码	

项目		栏次	一般项目		即征即退项目	
			本月数	本年累计	本月数	本年累计
销售额	（一）按适用税率计税销售额	1				
	其中：应税货物销售额	2				
	应税劳务销售额	3				
	纳税检查调整的销售额	4				
	（二）按简易办法计税销售额	5				
	其中：纳税检查调整的销售额	6				
	（三）免、抵、退办法出口销售额	7			—	—
	（四）免税销售额	8			—	—
	其中：免税货物销售额	9			—	—
	免税劳务销售额	10			—	—
税款计算	销项税额	11				
	进项税额	12				
	上期留抵税额	13				—
	进项税额转出	14				
	免、抵、退应退税额	15			—	—
	按适用税率计算的纳税检查应补缴税额	16			—	—
	应抵扣税额合计	17=12+13-14-15+16		—		—
	实际抵扣税额	18（如 17<11，则为 17，否则为 11）				
	应纳税额	19=11-18				
	期末留抵税额	20=17-18				—
	简易计税办法计算的应纳税额	21				
	按简易计税办法计算的纳税检查应补缴税额	22			—	—
	应纳税额减征额	23				
	应纳税额合计	24=19+21-23				

续表

税款缴纳	期初未缴税额（多缴为负数）	25				
	实收出口开具专用缴款书退税额	26			—	—
	本期已缴税额	27＝28+29+30+31				
	①分次预缴税额	28		—		—
	②出口开具专用缴款书预缴税额	29		—	—	—
	③本期缴纳上期应纳税额	30				
	④本期缴纳欠缴税额	31				
	期末未缴税额（多缴为负数）	32＝24+25+26−27				
	其中：欠缴税额（≥0）	33＝25+26−27		—		—
	本期应补（退）税额	34＝24−28−29		—		—
	即征即退实际退税额	35	—	—		
	期初未缴查补税额	36			—	—
	本期入库查补税额	37			—	—
	期末未缴查补税额	38＝16+22+36−37			—	—
附加税费	城市维护建设税本期应补（退）税额	39			—	—
	教育费附加本期应补（退）费额	40			—	—
	地方教育附加本期应补（退）费额	41			—	—

声明：此表是根据国家税收法律法规及相关规定填写的，本人（单位）对填报内容（及附带资料）的真实性、可靠性、完整性负责。

纳税人（签章）：　　　　　年　月　日

经办人： 经办人身份证号： 代理机构签章： 代理机构统一社会信用代码：	受理人： 受理税务机关（章）：　　　　受理 日期：　　年　月　日

图表 4-1-2　增值税及附加税费申报表附列资料（一）

（本期销售情况明细）

税款所属时间：　　年　　月　　日至　　年　　月　　日

纳税人名称：（公章）　　　　　　　　　　　　　　金额单位：元（列至角分）

项目及栏次				开具增值税专用发票		开具其他发票		未开具发票		纳税检查调整		合计			服务、不动产和无形资产扣除项目本期实际扣除金额	扣除后	
				销售额	销项（应纳）税额	销售额	销项（应纳）税额	销售额	销项（应纳）税额	销售额	销项（应纳）税额	销售额	销项（应纳）税额	价税合计		含税（免税）销售额	销项（应纳）税额
				1	2	3	4	5	6	7	8	9=1+3+5+7	10=2+4+6+8	11=9+10	12	13=11-12	14=13÷（100%+税率或征收率）×税率或征收率
一、一般计税方法计税	全部征税项目	13%税率的货物及加工修理修配劳务	1											—	—	—	—
		13%税率的服务、不动产和无形资产	2														
		9%税率的货物及加工修理修配劳务	3											—	—	—	—
		9%税率的服务、不动产和无形资产	4														
		6%税率	5														
	其中：即征即退项目	即征即退货物及加工修理修配劳务	6	—	—	—	—	—	—	—	—			—	—	—	—
		即征即退服务、不动产和无形资产	7	—	—	—	—	—	—	—	—						
二、简易计税方法计税	全部征税项目	6%征收率	8							—	—			—	—	—	—
		5%征收率的货物及加工修理修配劳务	9a							—	—			—	—	—	—
		5%征收率的服务、不动产和无形资产	9b							—	—						
		4%征收率	10							—	—			—	—	—	—
		3%征收率的货物及加工修理修配劳务	11							—	—			—	—	—	—
		3%征收率的服务、不动产和无形资产	12							—	—						
		预征率　%	13a							—	—						
		预征率　%	13b							—	—						
		预征率　%	13c							—	—						
	其中：即征即退项目	即征即退货物及加工修理修配劳务	14	—	—	—	—	—	—	—	—			—	—	—	—
		即征即退服务、不动产和无形资产	15	—	—	—	—	—	—	—	—						
三、免抵退税	货物及加工修理修配劳务		16	—	—		—		—	—	—		—	—	—	—	—
	服务、不动产和无形资产		17	—	—		—		—	—	—		—				—
四、免税	货物及加工修理修配劳务		18				—		—	—	—		—	—	—	—	—
	服务、不动产和无形资产		19	—	—		—		—	—	—		—				—

图表 4-1-3　增值税及附加税费申报表附列资料（二）

（本期进项税额明细）

税款所属时间：　　年　　月　　日至　　年　　月　　日

纳税人名称：（公章）　　　　　　　　　　　　金额单位：元（列至角分）

一、申报抵扣的进项税额				
项目	栏次	份数	金额	税额
（一）认证相符的增值税专用发票	1=2+3			
其中：本期认证相符且本期申报抵扣	2			
前期认证相符且本期申报抵扣	3			
（二）其他扣税凭证	4=5+6+7+8a+8b			
其中：海关进口增值税专用缴款书	5			
农产品收购发票或者销售发票	6			
代扣代缴税收缴款凭证	7		—	
加计扣除农产品进项税额	8a	—	—	
其他	8b			
（三）本期用于购建不动产的扣税凭证	9			
（四）本期用于抵扣的旅客运输服务扣税凭证	10			
（五）外贸企业进项税额抵扣证明	11	—	—	
当期申报抵扣进项税额合计	12=1+4+11			
二、进项税额转出额				
项目	栏次	税额		
本期进项税额转出额	13=14至23之和			
其中：免税项目用	14			
集体福利、个人消费	15			
非正常损失	16			
简易计税方法征税项目用	17			
免抵退税办法不得抵扣的进项税额	18			
纳税检查调减进项税额	19			
红字专用发票信息表注明的进项税额	20			
上期留抵税额抵减欠税	21			
上期留抵税额退税	22			
异常凭证转出进项税额	23a			
其他应作进项税额转出的情形	23b			
三、待抵扣进项税额				
项目	栏次	份数	金额	税额
（一）认证相符的增值税专用发票	24	—	—	—
期初已认证相符但未申报抵扣	25			
本期认证相符且本期未申报抵扣	26			
期末已认证相符但未申报抵扣	27			
其中：按照税法规定不允许抵扣	28			
（二）其他扣税凭证	29=30至33之和			
其中：海关进口增值税专用缴款书	30			
农产品收购发票或者销售发票	31			
代扣代缴税收缴款凭证	32		—	
其他	33			
	34			
四、其他				
项目	栏次	份数	金额	税额
本期认证相符的增值税专用发票	35			
代扣代缴税额	36	—	—	

图表 4-1-4　增值税及附加税费申报表附列资料（五）

（附加税费情况表）

税（费）款所属时间：　　年　　月　　日至　　年　　月　　日

纳税人名称：（公章）　　　　　　　　　　　　　　　　　　　　　　金额单位：元（列至角分）

<table>
<tr><td rowspan="3" colspan="2">税（费）种</td><td colspan="3">计税（费）依据</td><td rowspan="2">税（费）率（%）</td><td rowspan="2">本期应纳税（费）额</td><td colspan="2">本期减免税（费）额</td><td colspan="2">试点建设培育产教融合型企业</td><td rowspan="2">本期已缴税（费）额</td><td rowspan="2">本期应补（退）税（费）额</td></tr>
<tr><td>增值税税额</td><td>增值税免抵税额</td><td>留抵退税本期扣除额</td><td>减免性质代码</td><td>减免税（费）额</td><td>减免性质代码</td><td>本期抵免金额</td></tr>
<tr><td>1</td><td>2</td><td>3</td><td>4</td><td>5=（1+2-3）×4</td><td>6</td><td>7</td><td>8</td><td>9</td><td>10</td><td>11=5-7-9-10</td></tr>
<tr><td>城市维护建设税</td><td>1</td><td></td><td></td><td></td><td></td><td></td><td></td><td></td><td>—</td><td>—</td><td></td><td></td></tr>
<tr><td>教育费附加</td><td>2</td><td></td><td></td><td></td><td></td><td></td><td></td><td></td><td></td><td></td><td></td><td></td></tr>
<tr><td>地方教育附加</td><td>3</td><td></td><td></td><td></td><td></td><td></td><td></td><td></td><td></td><td></td><td></td><td></td></tr>
<tr><td>合计</td><td>4</td><td>—</td><td>—</td><td>—</td><td>—</td><td></td><td>—</td><td></td><td>—</td><td></td><td></td><td></td></tr>
<tr><td rowspan="3" colspan="5">本期是否适用试点建设培育产教融合型企业抵免政策</td><td rowspan="3">□是 □否</td><td colspan="4">当期新增投资额</td><td>5</td><td colspan="2"></td></tr>
<tr><td colspan="4">上期留抵可抵免金额</td><td>6</td><td colspan="2"></td></tr>
<tr><td colspan="4">结转下期可抵免金额</td><td>7</td><td colspan="2"></td></tr>
<tr><td rowspan="3" colspan="6">可用于扣除的增值税留抵退税额使用情况</td><td colspan="4">当期新增可用于扣除的留抵退税额</td><td>8</td><td colspan="2"></td></tr>
<tr><td colspan="4">上期结存可用于扣除的留抵退税额</td><td>9</td><td colspan="2"></td></tr>
<tr><td colspan="4">结转下期可用于扣除的留抵退税额</td><td>10</td><td colspan="2"></td></tr>
</table>

三、纳税申报

1. 上报汇总

在征期内插上税控盘，启动开票软件，点击“上报汇总”按钮。如果网络良好，登录时软件也可自动上报汇总。本步操作的目的是完成上月开票数据向税务局的传递。

2. 纳税申报及扣缴税款

登录网上申报软件，进行网上申报。网上申报成功后，通过税银联网实时扣缴税款。

3. 清卡解锁

申报成功后，再次插上税控盘，启动开票软件，点击“远程清卡”按钮或“反写”按钮。如果网络良好，税控设备也可以自动完成上述清卡解锁操作。

注意，无税控设备的一般纳税人，只需要进行第二步申报操作，无须进行第一和第三步操作。

四、注意事项

在纳税申报中，需要认真核对申报数据，如遇到申报表累计数据出错，或留抵税款、期初未缴税款、预缴税款和红字发票通知单等的数据出现错误或异常，须及时改正，无法自行修改的应该及时联系相关税务局。申报完成后，数据将无法再进行修改，如果出现错误将给企业造成不必要的麻烦。

即使一个月内没有发生任何经济业务，也没有购买或者开具一张发票，仍要进行抄税、报税工作。

任务二 企业所得税汇算清缴

【任务导入】

完成上述增值税及附加税费纳税申报工作后，安耐公司还需要完成企业所得税汇算清缴，填写企业所得税年度纳税申报表。为此，会计人员需要先整理全年的纳税资料并确定各项目的税收金额，然后将纳税资料与企业相应账簿核对。

【相关知识】

一、所得税汇算清缴必填表格

必填表格是年度纳税申报表主表、收入明细表、成本支出明细表、期间费用表、期间费用纳税调整项目明细表、资产损失税前扣除及纳税调整明细表，还有根据企业自身情况选择的其他表格。

关于企业所得税年度纳税申报表（A 类）全部报表及其详细填报说明，应参考《国家税务总局关于发布〈中华人民共和国企业所得年度纳税申报表（A 类，2017 年版）〉的公告》（国家税务总局公告 2017 年第 54 号）的附件，以及《国家税务总局关于企业所得税年度汇算清缴有关事项的公告》（国家税务总局公告 2021 年第 34 号）的附件等相关文件。

二、所得税汇算清缴时间

根据有关规定，每年企业所得税汇算清缴应当在次年的 1 月 1 日到 5 月 31 日间完成。事实上，当地税务局都要求纳税人提前完成，具体截止时间视当地税务局规定而定。

三、年度纳税申报表填写

年度纳税申报表分为两种：一是企业所得税年度纳税申报表（A 类）及其附表，适用于实行查账征收方式的居民企业纳税人的年度申报；二是企业所得税年度纳税申报表（B 类），适用于实行核定应税所得率方式核定征收的纳税人的年度申报。

以下简要介绍 A 类报表及与一般企业有关的部分常用附表。

1. 企业所得税年度纳税申报基础信息表（A000000）

该表为必填表，填报内容包括基本经营情况、有关涉税事项情况、主要股东及分红情况三部分。纳税人填报申报表时，首先填报此表，为后续申报提供指引。

2. 企业所得税年度纳税申报表（A 类）（A100000）

该表为必填表，是纳税人计算、申报、缴纳企业所得税的主表。

3. 一般企业收入明细表（A101010）

该表适于除金融企业、事业单位和民间非营利组织外的企业填报，反映一般企业按照国家统一会计制度规定取得收入的情况。

4. 一般企业成本支出明细表（A102010）

该表适于除金融企业、事业单位和民间非营利组织外的企业填报，反映一般企业按照国家统一会计制度的规定发生成本费用支出的情况。

5. 期间费用明细表（A104000）

该表适于除事业单位和民间非营利组织外的纳税人填报，反映纳税人根据国家统一会计制度发生的期间费用明细情况。

6. 纳税调整项目明细表（A105000）

该表适于填报纳税人财务、会计处理办法（以下简称会计处理）与税收法律、行政法规的规定（以下简称税收规定）不一致，需要进行纳税调整的项目和金额。

7. 视同销售和房地产开发企业特定业务纳税调整明细表（A105010）

该表适于填报纳税人发生视同销售行为、房地产企业销售未完工产品、未完工产品转完工产品特定业务，会计处理与税收规定不一致，需要进行纳税调整的项目和金额。

8. 未按权责发生制确认收入纳税调整明细表（A105020）

该表适于填报纳税人发生会计上按照权责发生制确认收入，而税收规定不按照权责发生制确认收入，需要进行纳税调整的项目和金额。

9. 投资收益纳税调整明细表（A105030）

该表适于填报纳税人发生投资收益，因会计处理与税收规定不一致，需要进行纳税调整的项目和金额。

10. 专项用途财政性资金纳税调整明细表（A105040）

该表适于填报纳税人发生符合不征税收入条件的专项用途财政性资金，因会计处理与税收规定不一致，需要进行纳税调整的金额。

11. 职工薪酬支出及纳税调整明细表（A105050）

该表适于填报纳税人发生的职工薪酬（包括工资薪金、职工福利费、职工教育经费、工会经费、各类基本社会保障性缴款、住房公积金、补充养老保险、补充医疗保险等）情况，以及因会计处理与税收规定不一致，相关需要进行纳税调整的项目和金额。纳税人只要发生职工薪酬支出，均应填报本表。

12. 广告费和业务宣传费等跨年度纳税调整明细表（A105060）

该表适于填报纳税人本年发生的广告费和业务宣传费等支出，因会计处理与税收规定不一致，需要进行纳税调整的金额。纳税人发生以前年度广告费和业务宣传费未扣除完毕的，应填报以前年度累计结转情况。

13. 捐赠支出及纳税调整明细表（A105070）

该表适于填报纳税人发生捐赠支出的情况，以及因会计处理与税收规定不一致，需要进行纳税调整的项目和金额。纳税人发生以前年度捐赠支出未扣除完毕的，应填报以前年度累计结转情况。

14. 资产折旧、摊销及纳税调整明细表（A105080）

该表适于填报纳税人资产折旧、摊销情况，以及因会计处理与税收规定不一致，相关需要进行纳税调整的项目和金额。纳税人只要发生资产折旧、摊销，均应填报本表。

15. 资产损失税前扣除及纳税调整明细表（A105090）

该表适于填报纳税人发生资产损失，以及因会计处理与税收规定不一致，相关需要进行纳税调整的项目和金额。

16. 企业重组及递延纳税事项纳税调整明细表（A105100）

该表适于填报纳税人发生企业重组、非货币性资产对外投资、技术入股等业务所涉及的所得或损失情况，以及因会计处理与税收规定不一致，相关需要进行纳税调整的项目和金额。

17. 政策性搬迁纳税调整明细表（A105110）

该表适于填报纳税人发生政策性搬迁所涉及的所得或损失，因会计处理与税收规定不一致，相关需要进行纳税调整的项目和金额。

18. 贷款损失准备金及纳税调整明细表（A105120）

该表适于填报金融企业、小额贷款公司纳税人发生的贷款损失准备金情况，以及由于会计处理与税收规定不一致，相关需要进行纳税调整的项目和金额。

19. 企业所得税弥补亏损明细表（A106000）

该表适于填报纳税人以前年度发生的亏损、需要在本年度结转弥补的金额、本年度可弥补的金额以及可继续结转以后年度弥补的亏损额。

20. 免税、减计收入及加计扣除优惠明细表（A107010）

该表适于填报纳税人本年度所享受免税收入、减计收入、加计扣除等优惠的项目和金额。

21. 符合条件的居民企业之间的股息、红利等权益性投资收益优惠明细表（A107011）

该表适于填报纳税人本年度享受居民企业之间的股息、红利等权益性投资收益的免税项目和金额。

22. 研发费用加计扣除优惠明细表（A107012）

该表适于填报纳税人本年度享受研发费加计扣除情况和金额。纳税人以前年度有销售研发活动直接形成产品（包括组成部分）对应材料部分未扣减完毕的，应填报以前年度未扣减情况。

23. 所得减免优惠明细表（A107020）

该表适于填报纳税人本年度享受减免所得额的项目和金额。

24. 抵扣应纳税所得额明细表（A107030）

该表适于填报纳税人本年度享受创业投资企业抵扣应纳税所得额优惠金额。纳税人有以前年度结转、尚未抵扣的股权投资余额的，应填报以前年度累计结转情况。

25. 减免所得税优惠明细表（A107040）

该表适于填报纳税人本年度享受减免所得税的项目和金额。

其余明细表仅适于涉及高新技术、境外所得或跨地区经营等的企业填写，一般企业较少填写。此处鉴于篇幅所限，不一一介绍。

【任务实施】

一、确定各项目的税收金额和纳税调整

计算出本月及本年的会计利润总额后，应对收入、扣除项目的税收金额进行计算确认。其中税收金额应按上述规定进行计算，主要有以下三个步骤：

1. 确认 2021 年全年损益类账户累计发生额，填入图表 4-2-1 中。

图表 4-2-1　2021 年 1 月—12 月损益类账户累计发生额

单位：元

科目编号	总账科目	明细科目	总账账户借方及贷方累计发生额	明细账户借方及贷方累计发生额
6001	主营业务收入			
		筒灯		
		射灯		
6401	主营业务成本			
		筒灯		
		射灯		
6405	税金及附加			
		城市维护建设税		
		教育费附加		
		其他		
6051	其他业务收入			
		材料销售		
		固定资产出租		
		其他		
6402	其他业务成本			
		材料销售		
		固定资产出租		
		其他		
6603	财务费用			
		利息支出		
		手续费		
		工本费		
		其他		
6601	销售费用			
		工资		
		广告费		
		职工福利费		
		运杂费		
		财产保险费		
		水电费		
		折旧费		
		其他		

续表

科目编号	总账科目	明细科目	总账账户借方及贷方累计发生额	明细账户借方及贷方累计发生额
6602	管理费用			
		办公费		
		差旅费		
		开办费		
		业务招待费		
		低值易耗品费		
		工资		
		职工福利费		
		工会经费		
		职工教育经费		
		财产保险费		
		折旧费		
		水电费		
		无形资产摊销		
		研究开发费		
		技术转让费		
6111	投资收益			
		国债利息		
6701	资产减值损失			
6101	公允价值变动损益			
6301	营业外收入			
		盘盈利得		
		捐赠利得		
		债务重组利得		
		其他		
6115	资产处置收益	非流动资产处置利得		
6711	营业外支出			
		处理固定资产净损失		
		其他		
6801	所得税费用			

2. 根据收入的全年发生额，按规定计算应税收入，填入图表 4-2-2 中。

图表 4-2-2　应税收入

单位：元

收入总额	账面列支金额	税收金额	税法依据	纳税调整

3. 根据各项目全年发生额，按规定计算上述各具体扣除项目的标准，填入图表 4-2-3 中。

图表 4-2-3　各具体扣除项目的标准

单位：元

各具体扣除项目	账面列支金额	税前扣除项金额	限额计算过程及依据	是否超限额

注：会计利润 = 1 月利润至 11 月利润+12 月利润

4. 根据各项目全年发生额，按规定计算上述不得扣除项目的标准，填入图表 4-2-4 中。

图表 4-2-4　不得扣除项目的标准

单位：元

不得扣除项目	账面列支金额	税前扣除项金额	税法依据	纳税调增金额

二、企业所得税年度纳税申报

根据前述有关内容填写中华人民共和国企业所得税年度纳税申报表（A 类）主表及附表（见图表 4-2-5 至图表 4-2-9，中小企业日常较少需要填写的附表略）。

图表 4-2-5 A100000 中华人民共和国企业所得税年度纳税申报表（A 类）

行次	类别	项目	金额（元）
1	利润总额计算	一、营业收入（填写 A101010\101020\103000）	
2		减：营业成本（填写 A102010\102020\103000）	
3		减：税金及附加	
4		减：销售费用（填写 A104000）	
5		减：管理费用（填写 A104000）	
6		减：财务费用（填写 A104000）	
7		减：资产减值损失	
8		加：公允价值变动收益	
9		加：投资收益	
10		二、营业利润（1-2-3-4-5-6-7+8+9）	
11		加：营业外收入（填写 A101010\101020\103000）	
12		减：营业外支出（填写 A102010\102020\103000）	
13		三、利润总额（10+11-12）	
14	应纳税所得额计算	减：境外所得（填写 A108010）	
15		加：纳税调整增加额（填写 A105000）	
16		减：纳税调整减少额（填写 A105000）	
17		减：免税、减计收入及加计扣除（填写 A107010）	
18		加：境外应税所得抵减境内亏损（填写 A108000）	
19		四、纳税调整后所得（13-14+15-16-17+18）	
20		减：所得减免（填写 A107020）	
21		减：弥补以前年度亏损（填写 A106000）	
22		减：抵扣应纳税所得额（填写 A107030）	
23		五、应纳税所得额（19-20-21-22）	
24	应纳税额计算	税率（25%）	
25		六、应纳所得税额（23×24）	
26		减：减免所得税额（填写 A107040）	
27		减：抵免所得税额（填写 A107050）	
28		七、应纳税额（25-26-27）	
29		加：境外所得应纳所得税额（填写 A108000）	
30		减：境外所得抵免所得税额（填写 A108000）	
31		八、实际应纳所得税额（28+29-30）	
32		减：本年累计实际已缴纳的所得税额	
33		九、本年应补（退）所得税额（31-32）	
34		其中：总机构分摊本年应补（退）所得税额（填写 A109000）	
35		财政集中分配本年应补（退）所得税额（填写 A109000）	
36		总机构主体生产经营部门分摊本年应补（退）所得税额（填写 A109000）	
37	实际应纳税额计算	减：民族自治地区企业所得税地方分享部分：（□ 免征 □ 减征：减征幅度____%）	
38		十、本年实际应补（退）所得税额（33-37）	

上表根据附表及利润表等资料填写，大部分项目都可以在填写附表后自动生成。

对于永久性差异不必做会计分录，只需填写申报表，即调表不调账；对于暂时性差异需要进行会计处理，即调表又调账。

图表 4-2-6　A101010 一般企业收入明细表

行次	项目	金额（元）
1	一、营业收入（2+9）	
2	（一）主营业务收入（3+5+6+7+8）	
3	1. 销售商品收入	
4	其中：非货币性资产交换收入	
5	2. 提供劳务收入	
6	3. 建造合同收入	
7	4. 让渡资产使用权收入	
8	5. 其他	
9	（二）其他业务收入（10+12+13+14+15）	
10	1. 销售材料收入	
11	其中：非货币性资产交换收入	
12	2. 出租固定资产收入	
13	3. 出租无形资产收入	
14	4. 出租包装物和商品收入	
15	5. 其他	
16	二、营业外收入（17+18+19+20+21+22+23+24+25+26）	
17	（一）非流动资产处置利得	
18	（二）非货币性资产交换利得	
19	（三）债务重组利得	
20	（四）政府补助利得	
21	（五）盘盈利得	
22	（六）捐赠利得	
23	（七）罚没利得	
24	（八）确实无法偿付的应付款项	
25	（九）汇兑收益	
26	（十）其他	

一般企业收入明细表根据企业主营业务收入、其他业务收入、资产处置收益、营业外收入明细分类账填写。会计上的资产处置收益也填在此表的营业外收入中。

图表 4-2-7　A102010 一般企业成本支出明细表

行次	项目	金额（元）
1	一、营业成本（2+9）	
2	（一）主营业务成本（3+5+6+7+8）	
3	1. 销售商品成本	
4	其中：非货币性资产交换成本	
5	2. 提供劳务成本	
6	3. 建造合同成本	
7	4. 让渡资产使用权成本	
8	5. 其他	
9	（二）其他业务成本（10+12+13+14+15）	
10	1. 销售材料成本	
11	其中：非货币性资产交换成本	
12	2. 出租固定资产成本	
13	3. 出租无形资产成本	
14	4. 包装物出租成本	
15	5. 其他	
16	二、营业外支出（17+18+19+20+21+22+23+24+25+26）	
17	（一）非流动资产处置损失	
18	（二）非货币性资产交换损失	
19	（三）债务重组损失	
20	（四）非常损失	
21	（五）捐赠支出	
22	（六）赞助支出	
23	（七）罚没支出	
24	（八）坏账损失	
25	（九）无法收回的债券股权投资损失	
26	（十）其他	

一般企业成本支出明细表根据企业主营业务成本、其他业务成本、营业外支出明细账填写。

图表 4-2-8 A104000 期间费用明细表

行次	项目	销售费用	其中：境外支付	管理费用	其中：境外支付	财务费用	其中：境外支付
		1	2	3	4	5	6
1	一、职工薪酬		*		*	*	*
2	二、劳务费					*	*
3	三、咨询顾问费					*	*
4	四、业务招待费		*		*	*	*
5	五、广告费和业务宣传费		*		*	*	*
6	六、佣金和手续费						
7	七、资产折旧摊销费		*		*	*	*
8	八、财产损耗、盘亏及毁损损失		*		*	*	*
9	九、办公费		*		*	*	*
10	十、董事会费		*		*	*	*
11	十一、租赁费					*	*
12	十二、诉讼费		*		*	*	*
13	十三、差旅费		*		*	*	*
14	十四、保险费		*		*	*	*
15	十五、运输、仓储费					*	*
16	十六、修理费					*	*
17	十七、包装费		*		*	*	*
18	十八、技术转让费					*	*
19	十九、研究费用					*	*
20	二十、各项税费		*		*	*	*
21	二十一、利息收支	*	*	*	*		
22	二十二、汇兑差额	*	*	*	*		
23	二十三、现金折扣	*	*	*	*		*
24	二十四、党组织工作经费	*	*		*	*	*
25	二十五、其他						
26	合计（1+2+3+…25）						

期间费用明细表根据企业管理费用、销售费用、财务费用明细分类账填写。

图表 4-2-9　A105000 纳税调整项目明细表

行次	项目	账载金额	税收金额	调增金额	调减金额
		1	2	3	4
1	一、收入类调整项目（2+3+…+8+10+11）	*	*		
2	（一）视同销售收入（填写 A105010）	*			*
3	（二）未按权责发生制原则确认的收入（填写 A105020）				
4	（三）投资收益（填写 A105030）				
5	（四）按权益法核算长期股权投资对初始投资成本调整确认收益	*	*	*	
6	（五）交易性金融资产初始投资调整	*	*		*
7	（六）公允价值变动净损益		*		
8	（七）不征税收入	*	*		
9	其中：专项用途财政性资金（填写 A105040）	*	*		
10	（八）销售折扣、折让和退回				
11	（九）其他				
12	二、扣除类调整项目（13+14+…+24+26+27+28+29+30）	*	*		
13	（一）视同销售成本（填写 A105010）	*		*	
14	（二）职工薪酬（填写 A105050）				
15	（三）业务招待费支出				*
16	（四）广告费和业务宣传费支出（填写 A105060）	*	*		
17	（五）捐赠支出（填写 A105070）				
18	（六）利息支出				
19	（七）罚金、罚款和被没收财物的损失		*		*
20	（八）税收滞纳金、加收利息		*		*
21	（九）赞助支出		*		*
22	（十）与未实现融资收益相关在当期确认的财务费用				
23	（十一）佣金和手续费支出				*
24	（十二）不征税收入用于支出所形成的费用	*	*		*
25	其中：专项用途财政性资金用于支出所形成的费用（填写 A105040）	*	*		*
26	（十三）跨期扣除项目				
27	（十四）与取得收入无关的支出		*		*
28	（十五）境外所得分摊的共同支出	*	*		*
29	（十六）党组织工作经费				
30	（十七）其他				
31	三、资产类调整项目（32+33+34+35）	*	*		
32	（一）资产折旧、摊销（填写 A105080）				
33	（二）资产减值准备金		*		
34	（三）资产损失（填写 A105090）				
35	（四）其他				
36	四、特殊事项调整项目（37+38+…+42）	*	*		
37	（一）企业重组及递延纳税事项（填写 A105100）				
38	（二）政策性搬迁（填写 A105110）	*	*		
39	（三）特殊行业准备金（填写 A105120）				
40	（四）房地产开发企业特定业务计算的纳税调整额（填写 A105010）	*			
41	（五）有限合伙企业法人合伙方应分得的应纳税所得额				
42	（六）其他	*	*		
43	五、特别纳税调整应税所得	*	*		
44	六、其他	*	*		
45	合计（1+12+31+36+43+44）	*	*		

任务三　其他税费纳税申报

【任务导入】

完成企业所得税汇算清缴后，安耐公司还需要按照规定进行个人所得税和印花税纳税申报。

【相关知识】

一、其他常见税费

除增值税及附加税费、企业所得税外，企业日常涉及的其他常见税费包括印花税、个人所得税、城镇土地使用税、房产税等。

此外，我国还有消费税、资源税、车船税、耕地占用税、契税、土地增值税、烟叶税等其他税费，但这些税费一般企业较少涉及。

二、有关纳税申报的规定

上述税费纳税申报主要应参考《全国县级税务机关纳税服务规范》《国家税务总局关于修订财产行为税部分税种申报表的通知》（税总发〔2015〕114号）及《国家税务总局关于简并税费申报有关事项的公告》（国家税务总局公告2021年第9号）等文件，并关注个人所得税等税种最新政策的变化。

三、个人所得税扣缴申报表填写说明

个人所得税扣缴申报表见图表4-3-1。其中，第7列“所得项目”应按照《中华人民共和国个人所得税法》第二条规定的应税所得项目名称填写，同一纳税人取得多项或者多次所得的，应分行填写。

第8列“收入”，填写当月（次）扣缴义务人支付给纳税人所得的总额。

第9列“费用”，取得劳务报酬所得、稿酬所得、特许权使用费所得时填写。居民个人取得上述所得，每次收入不超过4 000元的，费用填写“800”元；每次收入4 000元以上的，费用按收入的20%填写。非居民个人取得劳务报酬所得、稿酬所得、特许权使用费所得，费用按收入的20%填写。

第10列“免税收入”，填写纳税人各所得项目收入总额中，包含的税法规定的免税收入金额。

第11列“减除费用”，按税法规定的减除费用标准填写。

第12~15列“专项扣除”，分别填写按规定允许扣除的基本养老保险费、基本医疗保

险费、失业保险费、住房公积金（以下简称“三险一金”）的金额。

第16~21列“其他扣除”，分别填写按规定允许扣除的项目金额。

第22列“累计收入额”，填写本纳税年度截至当前月份，扣缴义务人支付给纳税人的工资、薪金所得。

第23列“累计减除费用”，按照5 000元/月乘以纳税人当年在本单位的任职受雇或者从业的月份数计算。

第24列“累计专项扣除”，填写本年度截至当前月份，按规定允许扣除的“三险一金”的累计金额。

第25~29列“累计专项附加扣除”，分别填写截至当前月份，纳税人按规定可享受的子女教育、赡养老人、住房贷款利息或者住房租金、继续教育扣除的累计金额。大病医疗扣除由纳税人在年度汇算清缴时办理，此处无须填报。

第30列“累计其他扣除”，填写本年度截至当前月份，按规定允许扣除的年金（包括企业年金、职业年金）、商业健康保险、税延养老保险及其他扣除项目的累计金额。

第31列“减按计税比例”，填写按规定实行应纳税所得额减计税收优惠的减计比例。无减计规定的，可不填，系统默认为100%。

第32列“准予扣除的捐赠额”，是指按照税法及相关法规、政策规定，可以在税前扣除的捐赠额。

第33~39列“税款计算”，填写扣缴义务人当月扣缴个人所得税款的计算情况。

四、印花税纳税申报有关表格填写说明

印花税纳税申报主要填写财产和行为税纳税申报表（见图表4-3-2）和印花税税源明细表（见图表4-3-3），如果涉及减免税还要填写财产和行为税减免税明细申报附表。

1. 财产和行为税纳税申报表

此表适用于申报城镇土地使用税、房产税、契税、耕地占用税、土地增值税、印花税、车船税、烟叶税、环境保护税、资源税。它根据各税种税源明细表自动生成，申报前需填写税源明细表。其中，最后一列“应补（退）税额”即为纳税人本期实际需要缴纳的税额。计算公式为：

应补（退）税额=应纳税额-减免税额-已缴税额

2. 印花税税源明细表

（1）“税目”项为必填项。可填项目包括：购销合同、加工承揽合同、建设工程勘察设计合同、建筑安装工程承包合同、财产租赁合同、货物运输合同、仓储保管合同、借款合同、财产保险合同、技术合同、产权转移书据、营业账簿（记载资金的账簿）、营业账簿（其他账簿），以及权利、许可证照。

（2）“税款所属期起”项：按期申报的，填写所属期的起始时间，应填写具体的年、月、日；按次申报的，如填写了应纳税凭证书立（领受）日期，则为应纳税凭证书立（领受）日期；否则为填表当日。

（3）“税款所属期止”项：按期申报的，填写所属期的终止时间，应填写具体的年、月、日；按次申报的，如填写了应纳税凭证书立（领受）日期，则为应纳税凭证书立（领受）日期，否则为填表当日。

（4）“应纳税凭证编号”项默认为选填项，各省、区、市可根据税源管理需要设置该项是否为必填项。申报购销合同、加工承揽合同、建设工程勘察设计合同、建筑安装工程承包合同、财产租赁合同、货物运输合同、仓储保管合同、借款合同、财产保险合同、技术合同、产权转移书据等税目的，填写合同或者凭证编号。

（5）“应纳税凭证书立（领受）日期”项默认为选填项，各省、区、市可根据税源管理需要设置该项是否为必填项。申报购销合同、加工承揽合同、建设工程勘察设计合同、建筑安装工程承包合同、财产租赁合同、货物运输合同、仓储保管合同、借款合同、财产保险合同、技术合同、产权转移书据等税目的，填写合同或者凭证书立（领受）日期。

（6）“计税金额或件数”项为必填项。营业账簿（其他账簿）和权利、许可证照税目填写件数，其他税目填写金额。

（7）“核定比例”项，实行核定征收的，填写核定比例。根据各省、区、市确定的核定比例填写。

（8）“税率”项，按照《中华人民共和国印花税暂行条例》等相关规定，填写税目对应的适用税率。

（9）“减免性质代码和项目名称”项，如有减免税情况的，则为必填项。按照税务机关最新制发的减免税政策代码表中最细项减免性质代码填写。

图表 4-3-1 个人所得税扣缴申报表

税款所属期： 年 月 日至 年 月 日

扣缴义务人名称：

扣缴义务人纳税人识别号（统一社会信用代码）：□□□□□□□□□□□□□□□□□□□□□□□□□□□□□□

金额单位：元（列至角分）

序号	姓名	身份证件类型	身份证件号码	纳税人识别号	是否为非居民个人	所得项目	本月（次）情况														累计情况									减按计税比例	准予扣除的捐赠额	税款计算							备注
							收入额计算			减除费用	专项扣除				其他扣除						累计收入额	累计减除费用	累计专项扣除	累计专项附加扣除					累计其他扣除			应纳税所得额	税率/预扣率	速算扣除数	应纳税额	减免税额	已缴税额	应补/退税额	
							收入	费用	免税收入		基本养老保险费	基本医疗保险费	失业保险费	住房公积金	年金	商业健康保险	税延养老保险	财产原值	允许扣除的税费	其他				子女教育	赡养老人	住房贷款利息	住房租金	继续教育											
1	2	3	4	5	6	7	8	9	10	11	12	13	14	15	16	17	18	19	20	21	22	23	24	25	26	27	28	29	30	31	32	33	34	35	36	37	38	39	40
会计合计																																							

谨声明：本表是根据国家税收法律法规及相关规定填报的，是真实的、可靠的、完整的。

扣缴义务人（签章）： 年 月 日

经办人签字： 经办人身份证件号码： 代理机构签章： 代理机构统一社会信用代码：	受理人： 受理税务机关（章）： 受理日期： 年 月 日

国家税务总局监制

图表 4-3-2 财产和行为税纳税申报表

纳税人识别号（统一社会信用代码）□□□□□□□□□□□□□□□□□□

纳税人名称：

金额单位：人民币元（列至角分）

序号	税种	税目	税款所属期起	税款所属期止	计税依据	税率	应纳税额	减免税额	已缴税额	应补（退）税额
1										
2										
3										
4										
5										
6										
7										
8										
9										
10										
11	合计	—	—	—	—	—				

声明：此表是根据国家税收法律法规及相关规定填写的，本人（单位）对填报内容（及附带资料）的真实性、可靠性、完整性负责。

纳税人（签章）：　年　月　日

经办人： 经办人身份证号： 代理机构签章： 代理机构统一社会信用代码：	受理人： 受理税务机关（章）： 受理日期：年月日

【任务实施】

一、填写个人所得税扣缴申报表

根据项目二中的有关内容填写个人所得税扣缴申报表（见图表 4-3-1）。

二、填写印花税纳税申报有关表格

首先，根据项目二中的有关内容填写印花税税源明细表（见图表 4-3-3）。然后，系统自动生成财产和行为税纳税申报表。

图表 4-3-3 印花税税源明细表

纳税人识别号（统一社会信用代码）：□□□□□□□□□□□□□□□□□□□□

纳税人名称：　　　　　　　　　　　　　　　　　　　　金额单位：人民币元（列至角分）

序号	＊税目	＊税款所属期起	＊税款所属期止	应纳税凭证编号	应纳税凭证书立（领受）日期	＊计税金额或件数	核定比例	＊税率	减免性质代码和项目名称
按期申报									
1									
2									
3									
按次申报									
1									
2									
3									

附表 1　工资结算表

2021 年 12 月 31 日

序号	部门	姓名	岗位	基本工资	岗位津贴	其他各项补贴	奖金	应扣工资				应付工资	减除费用	专项扣除					专项附加扣除							累计应纳税所得额	应纳税额	实发工资
								病假	事假	缺勤	旷工		个税免征额	养老保险费（8%）	医疗保险费（2%）	失业保险费（0.2%）	住房公积金（12%）	代扣工资小计	大病医疗	子女教育	住房贷款	住房租金	赡养老人	继续教育	小计			
1	办公室	李文君	总经理	15 000	1 000	500	2 500					19 000	5 000	1 373.33	343.33	34.33	2 060	3 810.99		1 000			2 000	400	3 400	59 468.12	678.9	14 510.11
2	办公室	白芷卉	总经理秘书	12 000	600	300	1 800					14 700	5 000	1 066	266.5	26.65	1 599	2 958.15				800	1 000	400	2 200	38 002.2	276.41	11 465.44
3	办公室	林逸之	财务和行政副总经理	13 000	1 000	400	2 400					16 800	5 000	1 197.33	299.33	29.93	1 796	3 322.59			1 000		2 000	400	3 400	38 928.92	357.35	13 120.06
4	办公室	徐子轩	生产和营销副总经理	13 000	1 000	400	2 400					16 800	5 000	1 197.33	299.33	29.93	1 796	3 322.59		1 000	1 000		1 000		3 000	43 728.92	547.74	12 929.67
5	财务部	冯娟	财务主管	12 000	800	300	2 100	370				14 830	5 000	1 084	271	27.1	1 626	3 008.1			1 000		1 000		2 000	42 132.8	482.19	11 339.71
6	财务部	杨小玲	会计 1	8 000	600	300	1 700					10 600	5 000	738	184.5	18.45	1 107	2 047.95		1 000					1 000	14 124.6	76.56	8 475.49
7	财务部	王静	会计 2	8 000	600	300	1 700					10 600	5 000	738	184.5	18.45	1 107	2 047.95			1 000				1 000	14 124.6	76.56	8 475.49
8	财务部	李芳方	出纳	7 500	500	300	1 400					9 700	5 000	688	172	17.2	1 032	1 909.2					1 000		1 000	3 988.6	53.72	7 737.08

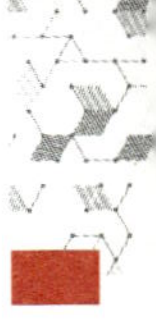

续表

序号	部门	姓名	岗位	基本工资	岗位津贴	其他各项补贴	奖金	应扣工资				应付工资	减除费用	专项扣除					专项附加扣除							累计应纳税所得额	应纳税额	实发工资
								病假	事假	缺勤	旷工		个税免征额	养老保险费(8%)	医疗保险费(2%)	失业保险费(0.2%)	住房公积金(12%)	代扣工资小计	大病医疗	子女教育	住房贷款	住房租金	赡养老人	继续教育	小计			
9	人事行政部	易斌	人事行政主管	12 000	800	300	2 100					15 200	5 000	1 084	271	27. 1	1 626	3 008. 1		1 000	1 000				2 000	42 502. 8	519. 19	11 672. 71
10	人事行政部	欧柠柠	人事行政助理	8 000	600	300	1 700					10 600	5 000	738	184. 5	18. 45	1 107	2 047. 95			1 000				1 000	14 124. 6	76. 56	8 475. 49
11	在建工程部	王运强	工程主管	11 000	800	300	2 100					14 200	5 000	1 004	251	25. 1	1 506	2 786. 1		1 000			1 000	400	2 400	28 366. 8	120. 42	11 293. 48
12	在建工程部	黄杰	施工人员1	8 000	600	300	1 700					10 600	5 000	738	184. 5	18. 45	1 107	2 047. 95		1 000			1 000		2 000	2 124. 6	46. 56	8 505. 49
13	在建工程部	高林峰	施工人员2	8 000	600	300	1 700					10 600	5 000	738	184. 5	18. 45	1 107	2 047. 95			1 000				1 000	14 124. 6	76. 56	8 475. 49
14	营销部	张睿	销售员1	7 500	600	300	1 700					10 100	5 000	698	174. 5	17. 45	1 047	1 936. 95			500				500	15 456. 6	79. 89	8 083. 16
15	营销部	周志坚	销售员2	7 500	600	300	1 700					10 100	5 000	698	174. 5	17. 45	1 047	1 936. 95		500					500	15 456. 6	79. 89	8 083. 16
16	营销部	向鑫	销售员3	7 500	600	300	1 700		331			9 769	5 000	698	174. 5	17. 45	1 047	1 936. 95		500					500	15 125. 6	69. 96	7 762. 09

续表

序号	部门	姓名	岗位	基本工资	岗位津贴	其他各项补贴	奖金	应扣工资				应付工资	减除费用	专项扣除					专项附加扣除							累计应纳税所得额	应纳税额	实发工资
								病假	事假	缺勤	旷工		个税免征额	养老保险费（8%）	医疗保险费（2%）	失业保险费（0.2%）	住房公积金（12%）	代扣工资小计	大病医疗	子女教育	住房贷款	住房租金	赡养老人	继续教育	小计			
17	医务室	郑熙	医务人员	8 000	600	300	1 700					10 600	5 000	738	184.5	18.45	1 107	2 047.95			1 000				1 000	14 124.6	76.56	8 475.49
18	一车间	黄泽斌	车间主任	9 000	800	300	1 800					11 900	5 000	842	210.5	21.05	1 263	2 336.55		1 000	1 000			400	2 400	9 461.4	64.9	9 498.55
19	一车间	李怡	高级工	8 800	500	300	1 400					11 000	5 000	792	198	19.8	1 188	2 197.8		500					500	26 426.4	99.07	8 703.13
20	一车间	赵璞	高级工	8 800	500	300	1 400					11 000	5 000	792	198	19.8	1 188	2 197.8		500					500	26 426.4	99.07	8 703.13
21	一车间	孙一鸣	高级工	7 700	500	300	1 400					9 900	5 000	704	176	17.6	1 056	1 953.6		500			1 000		1 500	4 156.8	43.39	7 903.01
22	一车间	凌关	工人	7 500	300	200	1 100					9 100	5 000	654.67	163.67	16.37	982	1 816.71							0	16 399.48	68.5	7 214.79
23	一车间	何晓阳	工人	7 500	300	200	1 100					9 100	5 000	654.67	163.67	16.37	982	1 816.71		1 000					1 000	4 322.48	38.5	7 244.79
24	一车间	马俊龙	工人	7 500	300	200	1 100					9 100	5 000	654.67	163.67	16.37	982	1 816.71		1 000					1 000	4 399.48	38.5	7 244.79
25	一车间	谢康健	工人	6 500	300	200	1 100					8 100	5 000	574.67	143.67	14.37	862	1 594.71		500					500	1 063.48	30.16	6 475.13
26	一车间	罗诚	工人	6 500	300	200	1 100			7		8 093	5 000	574.67	143.67	14.37	862	1 594.71		500					500	0	0	6 498.29

续表

序号	部门	姓名	岗位	基本工资	岗位津贴	其他各项补贴	奖金	应扣工资 病假	应扣工资 事假	应扣工资 缺勤	应扣工资 旷工	应付工资	减除费用 个税免征额	专项扣除 养老保险费（8%）	专项扣除 医疗保险费（2%）	专项扣除 失业保险费（0.2%）	专项扣除 住房公积金（12%）	专项扣除 代扣工资小计	专项附加扣除 大病医疗	专项附加扣除 子女教育	专项附加扣除 住房贷款	专项附加扣除 住房租金	专项附加扣除 赡养老人	专项附加扣除 继续教育	专项附加扣除 小计	累计应纳税所得额	应纳税额	实发工资
27	二车间	赵国庆	车间主任	9 000	800	300	1 800					11 900	5 000	842	210.5	21.05	1 263	2 336.55		500	1 000		1 000		2 500	8 261.4	61.9	9 501.55
28	二车间	钱雅致	高级工	7 500	500	300	1 400					9 700	5 000	688	172	17.2	1 032	1 909.2		500					500	14 289.6	68.72	7 722.08
29	二车间	王晓棠	高级工	7 500	500	300	1 400					9 700	5 000	688	172	17.2	1 032	1 909.2		500			1 000		1 500	2 289.6	38.72	7 752.08
30	二车间	郝凯	工人	6 500	300	200	1 100					8 100	5 000	574.67	143.67	14.37	862	1 594.71							0	7 063.48	45.16	6 460.13
31	二车间	苏鹏	工人	6 500	300	200	1 100					8 100	5 000	574.67	143.67	14.37	862	1 594.71					1 000		1 000	0	0	6 505.29
32	二车间	彭宇	工人	6 500	300	200	1 100			7		8 093	5 000	574.67	143.67	14.37	862	1 594.71		500					500	1 056.48	29.95	6 468.34
33	机修车间	吴启国	高级技师	9 000	800	300	1 800					11 900	5 000	842	210.5	21.05	1 263	2 336.55		1 000	1 000				2 000	14 261.4	76.9	9 486.55
34	机修车间	江芬芳	高级工	7 500	500	300	1 400					9 700	5 000	688	172	17.2	1 032	1 909.2					1 000		1 000	8 289.6	53.72	7 737.08
35	机修车间	严华	工人	6 500	300	200	1 100					8 100	5 000	574.67	143.67	14.37	862	1 594.71		500					500	0	0	6 505.29
36	质检车间	陈实	设计师	8 000	600	300	1 700					10 600	5 000	738	184.5	18.45	1 107	2 047.95			500		1 000		1 500	8 124.6	61.56	8 490.49

续表

序号	部门	姓名	岗位	基本工资	岗位津贴	其他各项补贴	奖金	应扣工资				应付工资	减除费用	专项扣除					专项附加扣除							累计应纳税所得额	应纳税额	实发工资
								病假	事假	缺勤	旷工		个税免征额	养老保险费（8%）	医疗保险费（2%）	失业保险费（0.2%）	住房公积金（12%）	代扣工资小计	大病医疗	子女教育	住房贷款	住房租金	赡养老人	继续教育	小计			
37	质检车间	郑自强	质检人员	7 000	500	300	1 400					9 200	5 000	648	162	16.2	972	1 798.2			500		2 000		2 500	0	0	7 401.8
38	6个月以上病假人员	安鑫	高级工	4 500	0	500	0					5 000	5 000	400	100	10	600	1 110							0	0	0	3 890
39	6个月以上病假人员	许涛	工人	3 600	0	300	0					3 900	5 000	312	78	7.8	468	865.8							0	0	0	3 034.2
合计				325 400	21 100	11 400	58 900	370	331	14	0	416 085	195 000	29 604.02	7 401.02	740.12	44 406	82 151.16	0	16 000	12 500	800	18 000	2 000	49 300	572 197.64	4 613.74	329 320.1

注：根据教学需要，本表仅设计了安耐公司主要部门及部分员工的工资数据。

附表 2 工资结算汇总表

2021 年 12 月 31 日

部门		基本工资	岗位津贴	补贴	奖金	应扣工资					应付工资	代扣款项（保留 2 位小数）						实发
						病假	事假	缺勤	旷工	小计		养老保险费	医疗保险费	失业保险费	住房公积金	个人所得税	小计	
												8%	2%	0.20%	12%			
办公室		53 000	3 600	1 600	9 100	0	0	0	0	0	67 300							
财务部		35 500	2 500	1 200	6 900	370	0	0	0	370	45 730							
人事行政部		20 000	1 400	600	3 800	0	0	0	0	0	25 800							
在建工程部		27 000	2 000	900	5 500	0	0	0	0	0	35 400							
营销部		22 500	1 800	900	5 100	0	331	0	0	331	29 969							
医务室		8 000	600	300	1 700	0	0	0	0	0	10 600							
一车间	生产工人	60 800	3 000	1 900	9 700	0	0	7	0	7	75 393							
	管理人员	9 000	800	300	1 800	0	0	0	0	0	11 900							
二车间	生产工人	34 500	1 900	1 200	6 100	0	0	7	0	7	43 693							
	管理人员	9 000	800	300	1 800	0	0	0	0	0	11 900							
机修车间		23 000	1 600	800	4 300	0	0	0	0	0	29 700							
质检车间		15 000	1 100	600	3 100	0	0	0	0	0	19 800							
6 个月以上病假人员		8 100	0	800	0	0	0	0	0	0	8 900							
合计		325 400	21 100	11 400	58 900	370	331	14	0	715	416 085							

注：①根据附表 1 完成附表 2。
②计提 12 月工资及各项代扣款。